Dieter Schwartz

Vernunft und Emotion

Die Ellis-Methode

Vernunft einsetzen,
sich gut fühlen
und mehr im Leben erreichen

Dieter Schwartz

Vernunft

und

Emotion

Die Ellis-Methode

Vernunft einsetzen,
sich gut fühlen
und mehr im Leben erreichen

Praxis der Rational-Emotiven
Verhaltenstherapie

borgmann

Die einzigartige Fähigkeit des Gehirns liegt darin, daß es bis zu einem gewissen Grade seine Reaktionen auf äußere Umstände selbst kontrolliert.

Prof. Dr. Peter W. Atkins, Quantentheoretiker
„Schöpfung ohne Schöpfer"

Edition: borgmann publishing

4., unveränd. Aufl. 2004

Erweiterte und vollkommen neu bearbeitete Ausgabe des Buches „Nicht gleich den Kopf verlieren" (Hermann Herder Verlag, Freiburg 1991)

Herstellung: Löer Druck GmbH, 44139 Dortmund

Bestell-Nr. 8395 ISBN 3-86145-165-4

Inhalt

Vorwort

Ich bin wirklich hocherfreut über das vorliegende Buch von Dieter Schwartz, mit dem der deutschen Leserschaft die Rational Emotive Verhaltenstherapie (REVT) auf ihrem neuesten Stand vorgestellt wird. Obwohl einige meiner eigenen populären Selbsthilfebücher bereits früher erfolgreich ins Deutsche übersetzt wurden, gibt es bisher kaum deutsche Bücher, die als Selbsthilfebuch konzipiert sind und *zugleich* das Therapiesystem der REVT didaktisch aufbereiten: daher erscheint das Buch gut geeignet auch für Therapeutinnen und Therapeuten, die sich in Weiterbildung befinden und die Basistechniken der REVT praxisbezogen kennenlernen wollen.

Dieter Schwartz gehört seit zwei Jahrzehnten zu den hervorragenden Rational-Emotiven Verhaltentherapeuten und hat seither Bücher und Fachbeiträge zur REVT in deutsch und englisch veröffentlicht. Er leitet das einzig autorisierte Deutsche Tochterinstitut des Albert Ellis Institute/New York City, das DIREKT e.V. in Würzburg. Ich kenne ihn seit Jahren und habe auf seine Einladung oft Workshops in REVT gehalten. Ich schätze ihn als außergewöhnlich fähigen Psychotherapeuten und Trainer. Mit Fug und Recht kann man sagen, daß Dieter Schwartz (zusammen mit seinem Kollegen Dr.Hoellen) mehr als jeder andere Therapeut die REVT in Deutschland bekannt gemacht hat. Hierfür möchte ich ihm ausdrücklich Dank sagen.

Das vorliegende Buch erläutert klar und verständlich die ABC-Theorie der REVT. Der Leser erfährt, wie das Therapiesystem der REVT das Zustandekommen emotionaler Störungen erklärt und was getan werden kann, um emotionale Probleme zu bewältigen. In diesem Band werden viele kognitive, emotive und behaviorale Methoden der REVT dargestellt. Dann wird aufgezeigt, wie die Leserinnen und Leser mit Hilfe der REVT besser mit ihren depressiven Gefühlen, Schuldgefühlen, Partner- und Sexualproblemen, Perfektionismus, Feindseligkeit u.v.m. umgehen können. Ausführlich beschreibt das Buch Wege zur Bewältigung dieser und weiterer emotionaler Probleme und selbtschädigender Verhaltensweisen, sodaß praktisch jede Leserin und jeder Leser damit einen wertvollen Wegweiser für ein emotional gesünderes und glücklicheres Leben erwirbt.

New York City, im Mai 1998

Albert Ellis, Ph. D., President

Albert Ellis Institute for Rational Emotive
Behavior Therapy * New York City

Einleitung

Was ist rational-emotive Verhaltenstherapie (REVT)?

Die REVT[1] ist eine psychotherapeutische Schule, die sich seit den 50er Jahren zu einer der einflußreichsten Therapieformen des 20. Jahrhunderts entwickelt hat[2]. Ihr Begründer ist der bedeutende New Yorker Psychotherapeut *Albert Ellis*, der in seinem arbeitsreichen Leben über 700 Bücher und Schriften verfaßt hat und einer der bedeutendsten Psychotherapeuten und wohl letzter großer Therapieschulenbegründer des ausgehenden 20. Jahrhunderts ist (vgl. die Infokästen 1 und 2 zu Albert Ellis und zur REVT) Die meisten seiner Schriften wenden sich an den Fachmann, den Psychotherapeuten, und vermitteln Theorie und Praxis der rational-emotiven Psychotherapie. Auch das vorliegende Buch möchte Beratern, Therapeuten und sonst Interessierten die REVT nahebringen. Es soll dies jedoch nicht in der üblichen trockenen und oft nur für Fachleute verständlichen Form des Lehrbuches erfolgen. Ziel dieses Buches ist es vielmehr, dem Leser unmittelbar aufzuzeigen, wie man sein Leben unter Anwendung der Grundsätze der REVT zufriedener gestalten kann. Ich habe mich daher bemüht, meine Ausführungen möglichst auch für fachlich nicht vorbelastete Leser verständlich zu halten, sodaß dieses Buch auch als „Lebenshilfebuch“[3] oder „Klientenbegleitbuch“ aufgefasst werden kann.

Glücklicherweise gehört die REVT zu den Psychotherapien, die sich besonders dazu eignen, in leicht verständlicher Form vermittelt zu werden. Praktisch jeder Mensch ist in der Lage, die

---

1 Vor einigen Jahren entschloß sich Albert Ellis, die Rational-Emotive Therapy (RET) in Rational Emotive Behavior Therapy (REBT) umzubenennen. Entsprechend findet man im deutschen Schrifttum nunmehr die Bezeichnung Rational-Emotive Verhaltenstherapie (REVT).

2 vgl. Wilken, 1998, S.10.

3 Selbsthilfebücher werden an vielen Kliniken eingesetzt und empfohlen, wenn sie wissenschaftlich fundiert sind und nicht nur mit großen Versprechungen auftreten, vgl. Schriftenreihe der Psychosomatischen Fachklinik Bad Pyrmont: Borgart (1998)

Prinzipien der REVT zu verstehen und bei sich anzuwenden, sofern er nur über gesunden Menschenverstand verfügt. So habe ich z.B. während meiner früheren langjährigen Tätigkeit als Dozent für Klinische und Entwicklungspsychologie Hunderten von Studentinnen und Studenten jeweils in wenigen Unterrichtseinheiten die Grundlagen der Rational-Emotiven Verhaltenstherapie nahebringen können. Das Ellis-Buch „A New Guide to Rational Living“ – ein Selbsthilfebuch für den Laien – wurde in den USA über eine Million mal verkauft.

Selbsthilfebücher seit der Antike

Dies ist nicht verwunderlich, wenn man bedenkt, daß das sogenannte Lebensbrevier, also gesammelte Ratschläge für die Lebensführung, bereits seit der Antike Tradition hat. Auch das uns nur in wenigen Bruchstücken erhalten gebliebene System der Welt- und Lebensanschauung des großen stoischen Philosophen *Epiktet*, geboren um 50 nach Christus, zu dessen Philosophie die REVT sich bekennt, kann als Sammlung von Weisheiten und Lebensregeln, als „Trostbüchlein“ gelten (vgl. den Infokasten 3 zu Epiktet). Das Werk eines weiteren Stoikers, des „Philosophen auf dem Kaiserthron“, nämlich des römischen Kaisers *Marc Aurel*, der unter dem Einfluß Epiktets in der stoischen Tradition erzogen wurde, war wohl eines der in der Menschheitsgeschichte einflußreichsten Bücher, die je geschrieben wurden.[4] In beiden Schriften finden wir „antike Übungen in Gelassenheit“[5] die mit modernen Techniken der Psychotherapie vergleichbar sind.

Stoische Philosophie

Vor langer Zeit schon haben Philosophen des Abendlandes wie Zenon, Seneca, der Sklave Epiktet, der Kaiser Marc Aurel und andere Stoiker sowie östliche Denker wie Buddha erkannt, daß

---

[4] Marc Aurel, (1981)

[5] vgl. Hoellen, B. & Laux, J., 1987. Antike Seelenführung und moderne Psychotherapie. Universität Kaiserslautern.

absolutistisches, dogmatisches Denken ein Haupthindernis für eine zufriedene Lebensführung darstellt.

Das Programm der Stoiker läßt sich zusammenfassen in den drei Zeilen:

Leitsatz — **Klar Denken**
Einsichtig Wollen
Vernünftig Handeln

Nun hat zwar jeder Mensch von Natur aus die Kraft, richtig zu denken. Aber oft wachsen die Menschen in einer Umwelt auf, die ihnen unvernünftige und falsche Anschauungen beibringt.

Zudem haben wir Menschen die Tendenz, flüchtig, ungenau und verkürzt aufzufassen – eine Tendenz „momentaner oder dauernder Geistesverwirrtheit" – wie Albert Ellis es nannte. Jeder von uns kennt wohl Situationen, z.B. im Straßenverkehr, wo wir leicht „ausrasten", weil uns von einem anderen Verkehrsteilnehmer die Vorfahrt genommen wurde oder wir sonst unfair behandelt werden. Daher bedarf es ständiger Kraft und Energie, um die naturgegebenen Kräfte der Vernunft zu erhalten und zu fördern. Moderne Philosophen und Denker wie Spinoza, Goethe, Friedrich der Große, John Dewey und Bertrand Russell[6] haben diese antiken Lehren aufgegriffen.

Stoische Philosophie und moderne Psychotherapie

So fanden sie auch Eingang in das Denken einiger Pioniere der Psychotherapie unseres Jahrhunderts.

[6] vgl. Russell, B. (1982). Eroberung des Glücks. Neue Wege zu einer besseren Lebensgestaltung. Frankfurt a.M.: Suhrkamp.

Wenn Sie jetzt an Sigmund Freud denken, so irren Sie allerdings.[7] Freuds System der Psychoanalyse ist zu sehr dogmatisch festgelegt auf Triebkonzepte und Triebschicksale in frühester Kindheit: Ödipuskonflikt, unbewußte Haß- und Schuldgefühle aus dieser Zeit scheinen wenig mit aktuellen emotionalen Störungen zu tun zu haben.

Zwar begann auch Albert Ellis seine psychotherapeutische Laufbahn mit klassischer Psychoanalyse und psychoanalytisch orientierten Verfahren (siehe Infokasten 1 zu Albert Ellis). Aber er erkannte bald deren geringe Wirksamkeit und suchte nach effizienten Methoden, um seinen Patienten helfen zu können. Im Gegensatz zu Freud hatten Psychotherapeuten wie Alfred Adler, Paul Dubois, Alexander Herzberg u. a. Anschauungen entwikkelt, die dem philosophischen Kern Epiktets näher standen. Insbesondere der Auffassung, wie sie sich in folgendem berühmten Ausspruch Epiktets widerspiegelt (vgl. auch den Infokasten 3 zu Epiktet):

Leitsatz — **Nicht die Dinge erschüttern die Menschen, sondern ihre Sicht von den Dingen**

Wenn wir uns zum Beispiel vorstellen, es könnte ein Reifen platzen, während wir mit 150 Stundenkilometern auf der Autobahn fahren, so werden wir uns eines beunruhigenden Gefühls kaum erwehren können. Epiktet selbst bezog seinen Ausspruch auf das Beispiel, das Sokrates gab, der bekanntlich seinem Tod durch den Schierlingsbecher gelassen entgegenblickte, während seine Schüler verzweifelten. Er folgerte daraus:

So ist zum Beispiel der Tod nichts Furchtbares – sonst hätte er auch dem Sokrates furchtbar erscheinen müssen –, sondern die Vorstellung, er sei etwas Furchtbares, das ist das Furchtbare.

---

[7] vgl. Eschenröder, C.T. (1989). Hier irrte Freud.

Darüber hinausgehend erkannte Albert Ellis, daß emotionale Störungen eng mit bestimmten irrationalen Ideen verknüpft sind und begann demnach, diese selbstschädigenden Überzeugungen seiner Patienten herauszufinden und in Frage zu stellen. So überwanden seine Patienten ihre emotionalen Störungen viel schneller und gründlicher. Die rational-emotive Psychotherapie war geboren und in ihrer Folge vollzog auch die klassische Verhaltenstherapie die sogenannte „kognitive Wende“ – mit führenden Therapeutenpersönlichkeiten wie Aaron T.Beck, Arnold A.Lazarus, Michael Mahoney und Donald Meichenbaum.
Rational-Emotive und Kognitive Verhaltenstherapie stellen seither einen Haupttrend der modernen Psychotherapie dar.

Info 1

Albert Ellis

Der am 27.9.1913 in Pittsburg, Pennsylvania, geborene und seit seiner Kindheit in New York lebende Albert Ellis studierte ab 1942 an der Columbia University in New York Psychologie und promovierte mit einer vielbeachteten Arbeit über Fragebogentests zum Doktor der Philosophie. Danach war er außerordentlicher Professor für Psychologie an der Rutgers University, der United States International University und der Pittsburg State University. Nachdem er als leitender Psychologe an verschiedenen klinischen und diagnostischen Instituten tätig war, eröffnete er 1952 eine eigene Psychoanalytische Praxis in New York. Nach langjähriger Lehranalyse und Supervision bei dem aus Deutschland emigrierten und nun am Karen Horney Institut tätigen bekannten Dadaisten und Psychoanalytiker Richard Huelsenbeck alias Charles R.Hulbeck[8], den er persönlich sehr schätzte, versuchte Ellis die psychoanalyti-

[8] Ellis, A. (1997), S.70

Info 1

sche Methode zunächst von innen heraus zu verbessern. Schließlich wurden seine Zweifel an der therapeutischen Wirksamkeit der Psychoanalyse jedoch so groß, daß er sich für die Entwicklung eines eigenen, neuen Verfahrens entschloß. Die Rational-Emotive Therapie war geboren und entwickelte sich in den folgenden Jahrzehnten zu einer der einflußreichsten Therapieansätze der 2.Hälfte des 20.Jahrhunderts.

Info 2

Rational-Emotive Verhaltenstherapie (REVT) oder Rational Emotive Behavior Therapy (REBT)

Die Unzulänglichkeiten traditioneller Formen der Psychotherapie veranlaßten Albert Ellis in den fünfziger Jahren, das System der REVT zu entwickeln. Über Jahre war dieser Ansatz der einzige, der eine aktiv-direktive Form der Psychotherapie darstellte und die Kognitionen, d.h. das Denken, als wichtigste Determinante für menschliche Gefühle postulierte. Erst ca. 10 Jahre später griffen Verhaltenstherapeuten im Zuge der „kognitiven Wende“ in der Verhaltenstherapie ihre Methoden auf. REVT ist somit die älteste und erste Kognitive Verhaltenstherapie. Die REVT-Methoden stellen heute den Hauptanteil der Kognitiven Verhaltenstherapien, wie z.B. der Ansätze von Beck's Kognitiver Therapie, Glasser's Reality Therapy, der Ansätze von Meichenbaum und Mahoney u.a. In vielerlei Hinsicht gehen sie sogar über andere kognitive Therapieformen hinaus. Heute werden REVT und andere kognitiv-beha-

viorale Techniken weltweit von über 20.000 Psychotherapeuten und Beratern im psychosozialen Bereich praktiziert.
REVT ist ein ganzheitlicher handlungsorientierter Psychotherapieansatz mit dem Ziel emotionalen Wachstums: Wir werden ermutigt, unsere Gefühle bewußt zu erleben und auszudrücken, wobei der Zusammenhang von Denken, Fühlen und Handeln betont wird
REVT hilft

- emotionalen Streß und zwischenmenschliche Probleme zu überwinden
- die vorhandene persönliche Energie kreativ einzusetzen
- sein Leben bei der täglichen Arbeit und im persönlichen Bereich mit mehr Zufriedenheit, Erfolg und Erfülltheit zu gestalten.

Die Therapieforschung hat gezeigt, daß emotionale Probleme hauptsächlich auf bestimmte Erwartungen und Einstellungen über sich selbst, über andere Menschen und über die Welt zurückzuführen sind – und eben nicht nur abhängen von Erziehung und Umwelt.[9]
Wir Menschen tendieren dazu, uns übermäßig psychisch zu belasten, wenn

- etwas schief läuft oder wir von einem uns wichtigen Menschen abgelehnt werden
- andere Menschen uns (gewollt oder ungewollt) unfair behandeln
- wir mit Dingen konfrontiert werden, die unangenehm oder schmerzvoll sind.

Indem wir lernen, unsere selbstschädigenden Einstellungen zu verändern, entwickeln wir größere Fähigkeiten, mit gegenwärtigen Problemen umzugehen und ein freieres,

[9] vgl. hierzu Grawe, (1998), S.109ff

unabhängigeres und emotional befriedigenderes Leben zu führen.
Einige wesentliche Aspekte der Rational Emotiven Verhaltenstherapie sind:

1. Zwischen der Psychotherapie im Allgemeinen und der Verhaltenstherapie im Besonderen auf der einen Seite und der Philosophie auf der anderen Seite besteht seit längerer Zeit eine unsinnige Trennung. Dagegen hat die REVT nunmehr ausdrücklich auf eine lange philosophische Tradition Bezug genommen: auf die enge Verbindung zwischen REVT und stoischer Philosophie. Der Ausspruch Epiktets, dieses größten Vertreters der stoischen Philosophie, umreißt die klinische Theorie der REVT: Es sind nicht die Dinge an sich, die die Menschen in emotionale Verwirrung bringen, sondern die Sicht, die sie von diesen Dingen haben.
2. Die REVT macht uns klar, daß psychologische Hilfe zu einem großen Teil aus Selbsthilfe besteht. Die vielen Therapeuten und Berater, die in der ganzen Welt nach den Prinzipien der REVT arbeiten, ermutigen ihre Klienten regelmäßig, verschiedene Selbshilferatgeber zu lesen. Diese Bibliotherapie kann sehr nützlich sein und den therapeutischen Erfolg beschleunigen. Hunderte von Lesern des Selbsthilfebuches „Gefühle erkennen und positiv beeinflussen“ (von D.S.) oder des Selbsthilfebuches „Training der Gefühle“ (von Albert Ellis) erklärten, daß sie sogar ohne jeden Kontakt mit einem professionellen Therapeuten nur durch Bibliotherapie bemerkenswerte Verbesserungen ihres psychischen Befindens erreichten.

Info 2

3. Die REVT betont die Bedeutung und Wirksamkeit aktiver Selbstmanagement-Techniken. In vielen Büchern präsentieren Rational-Emotive Verhaltenstherapeuten in exzellenter Weise eine große Zahl von praktischen Übungsvorschlägen, mit deren Hilfe die Leser die Prinzipien der REVT für sich anzuwenden lernen.

Dennoch: Auch das beste Selbsthilfebuch kann nicht garantieren, daß man entsprechend hart an sich arbeitet, um sein Leben entscheidend zum Vorteil hin zu ändern – aber es zeigt genau, wie man an sich arbeiten kann, wenn man will. Ich hoffe, mit „Vernuft und Emotion“ diesem Anspruch gerecht zu werden.

Info 3

Epiktet
(etwa 50 bis 120 n.Christus)

Epiktet wurde bereits als Kind aus seiner kleinasiatischen Heimat, dem phrygischen Hierapolis, verschleppt und kam als Sklave in das Haus des Epaphroditos, der als treuer Diener des römischen Kaisers Nero Karriere gemacht hatte und steinreich war. Dieser Epaphroditos, der als ziemlich launenhaftiger Patron mit Peitsche und Hauskerker nicht sparte, aber auch gebildet war und großzügig sein konnte, erlag bald dem liebenswürdigen und gütigen Wesen Epiktets. Er ließ ihn frei und finanzierte sogar die Studien Epiktets bei den besten Lehrern Roms, unter anderem bei dem stoischen Philosophen Musonius. Zwei Jahrzehnte lehrte Epiktet dann selbst im Rom, bis Kaiser Domitian alle Philosophen aus Rom verbannte. Epiktet zog nach

Nikopolis und leitete dort bis zu seinem Tode eine philosophische Schule. Im übrigen wissen wir nicht viel mehr über Epiktets Leben. Er war mit Kaiser Hadrian persönlich bekannt, der Epiktet wohl auch einmal in Nicopolis besuchte. Dagegen traf er mit Kaiser Marc Aurel, seinem großen Bewunderer und Verehrer, nie zusammen.
Epiktet hat wie sein Vorbild Sokrates selbst keine Schriften veröffentlicht. Die von ihm erhaltenen Bücher basieren auf Aufzeichnungen seines Schülers Arrianus. Wie Sokrates ist auch Epiktet kein aufdringlicher Ratgeber, es geht ihm nicht um zwingende Vorbildhaftigkeit oder ehrfürchtige Nachahmung. Sein Thema sind vielmehr die existentiellen, also lebenspraktischen Fragen – es geht ihm um die „Wege zum Glück“[10].

Die folgenden Beispiele aus seinem „Handbuch“ wurden ausgewählt, weil sie sofort erkennbare Verwandtschaft zur Philosophie der REVT aufweisen.

Nicht die Dinge selbst beunruhigen die Menschen, sondern ihre Meinungen und Urteile über die Dinge[11]

Nicht die Dinge selbst beunruhigen die Menschen, sondern ihre Meinung und Urteile über die Dinge. So ist zum Beispiel der Tod nichts Furchtbares – sonst hätte er auch Sokrates furchtbar erscheinen müssen –, sondern nur die Meinung, er sei etwas Furchtbares, das ist das Furchtbare. Wenn wir also in Schwierigkeiten geraten, betrübt

[10] So der Titel des Epiktet-Bandes aus der „Bibliothek der Antike“ *und* die Überschrift von Kapitel 12 der deutschen Übersetzung des Ellis-Standardwerkes, Ellis (1997).

[11] In genauer Übersetzung des griechischen Textes lautet das Zitat: Nicht die Dinge erschüttern die Menschen, sondern ihre Dogmen über die Dinge.

oder gekränkt werden, wollen wir die Schuld niemals einem anderen, sondern nur uns selbst geben, das heißt unseren Meinungen und Urteilen.

Ein Ungebildeter pflegt seinen Mitmenschen vorzuwerfen, daß es ihm schlecht geht. Ein Anfänger in der philosophischen Bildung macht sich selbst Vorwürfe. Der wirklich Gebildete schiebt die Schuld weder auf einen anderen noch auf sich selbst.

Haltung bewahren

Wenn du irgend etwas vorhast, dann mach dir klar, was du eigentlich vorhast. Wenn du zum Beispiel zum Baden gehst, dann stell dir vor, wie es in einem öffentlichen Bad zugeht, wie sie dich naßspritzen, hin und her stoßen, beschimpfen und bestehlen. Du wirst daher mit größerer Ruhe und Sicherheit hingehen, wenn du dir von vornherein sagst: „Ich will baden und meinem Vorsatz treu bleiben, mit dem ich mich in Übereinstimmung mit der menschlichen Vernunft befinde." Das gilt auch für alles andere. Denn wenn dich wirklich etwas beim Baden stört, wirst du dir sagen können: „Ich wollte ja nicht nur baden, sondern auch meinem Vorsatz treu bleiben, mich in Übereinstimmung mit der menschlichen Vernunftnatur zu befinden. Das tue ich aber nicht, wenn ich mich über derartige Vorgänge ärgere."

Was in unserer Macht steht und was nicht

Das eine steht in unserer Macht, das andere nicht. In unserer Macht stehen: unser Denken, unser Tun, unser Begehren, unser Meiden – alles, was wir selbst in Gang setzen und zu verantworten haben. Nicht in unserer Macht stehen: unser Körper, unser Besitz, unser gesellschaftliches Ansehen, unsere äußere Stellung – kurz: alles, was nicht von uns selber kommt.

Was sich in unserer Macht befindet, ist von Natur aus frei und läßt sich von einem Außenstehenden nicht behindern oder stören; was sich aber nicht in unserer Macht befindet, ist ohne Kraft, unfrei, läßt sich von außen behindern und ist fremdem Einfluß ausgesetzt. Denk daran: wenn du das von Natur aus Unfreie für frei und das Fremde für dein Eigentum hältst, dann wirst du dir selbst im Wege stehen, Grund zum Klagen haben, dich aufregen und aller Welt Vorwürfe machen; hältst du aber nur das für dein Eigentum, was wirklich dir gehört, das Fremde aber für fremd, dann wird niemand jemals Zwang auf dich ausüben, niemand wird dich behindern, du brauchst niemandem Vorwürfe zu machen oder die Schuld an etwas zu geben, wirst nichts gegen deinen Willen tun, keine Feinde haben, und niemand kann dir schaden; denn es gibt nichts, was dir Schaden zufügen könnte.

Wenn du nach einem so hohen Ziel strebst, dann sei dir bewußt, dass dies mit erheblicher Anstrengung verbunden ist: Du mußt auf manches ganz verzichten und manches zeitweilig aufgeben.

Nicht zuviel verlangen

Fordere nicht, daß alles, was geschieht, so geschieht, wie du es willst, sondern akzeptiere, daß alles so geschieht, wie es geschieht, und du wirst glücklich sein.

Info 3

Du mußt umdenken

Wenn du weise werden willst, mußt du Gedanken wie die folgenden abwerfen: „Wenn ich mich nicht um mein Vermögen kümmere, werde ich nichts zu essen haben.“ Oder: „Wenn ich meinen Diener nicht bestrafe, wird er ein Taugenichts.“ Denn es ist besser zu verhungern, aber ohne Sorgen und Angst, diesen Krankheiten der Seele, gelebt zu haben, als im Überfluß, aber in ständiger Aufregung. Es ist besser, dass dein Diener ein Taugenichts ist, als dass du selbst unglücklich bist. Beginne also mit kleinen Dingen: Wird dir ein Tropfen Öl vergossen oder ein bißchen Wein gestohlen, so sage dir: „Das ist der Preis für ein von seelischer Störung freies Leben und innere Ruhe. Umsonst bekommt man nichts.“

Beleidigungen können mich nicht treffen

Sei dir dessen bewußt, dass dich derjenige nicht verletzen kann, der dich beschimpft; es ist vielmehr deine Meinung, dass diese Leute dich verletzen. Wenn dich also jemand reizt, dann wisse, dass es deine eigene Sichtweise ist, die dich gereizt hat. Deshalb versuche vor allem, dich von deinem ersten Eindruck nicht hinreißen zu lassen. Denn wenn du dir Zeit zum Nachdenken nimmst, dann wirst du die Dinge leichter in den Griff bekommen.

(vgl. Epiktet, 1991)

Kapitel 1

Allgemeiner Teil

1. Das Ziel therapeutischer Selbsthilfe

Dieses Buch wird Ihnen genau zeigen, wie Sie emotionale Schwierigkeiten in Zukunft besser bewältigen können. Freilich – ein Buch allein kann kein Ersatz für eine Psychotherapie sein, wenn bereits massive Probleme vorhanden sind. Aber es kann dann sehr wohl eine wertvolle Begleithilfe für eine Psychotherapie darstellen. An vielen Psychosomatischen Fachkliniken werden wissenschaftlich fundierte Selbsthilfebücher therapiebegleitend eingesetzt.[12] Und: dieses Buch zeigt Ihnen jedenfalls, was Sie bei der Wahl eines Psychotherapeuten besser beachten, damit nicht nur Ihr Therapeut an Ihnen verdient, sondern Sie eine wirkliche Hilfe erhalten.

Am Ende des Buches finden Sie übrigens die Anschrift des Deutschen Institutes für Rational-Emotive & Kognitiv-behaviorale Therapie (DIREKT) e.V., dem einzigen autorisierten deutschen Tochterinstitut des Albert Ellis Institute for Rational Emotive Behavior Therapy der Staatsuniversität New York. Wenn Sie an das Institut schreiben, wird Ihnen kostenlos ein/e nach Möglichkeit in in Ihrer näheren Umgebung praktizierende/r Rational-Emotive/r Verhaltenstherapeut/in benannt werden, mit dem bzw. der sie auf der Basis dieses Buches weiterarbeiten könnten.

Was könnte das Ziel Ihrer Selbsthilfearbeit sein?

Normalerweise überlasse ich es in der Psychotherapie meinen Klienten, ihr Therapieziel selbst festzulegen, d.h. ich gebe kein Ziel vor. Dennoch möchte ich im Rahmen dieses Selbsthilfebuches eine Zielvorstellung vorschlagen. Insbesondere deshalb, um Sie vor einem Ziel zu warnen und Sie umgekehrt aufzufordern, Ihr Ziel nicht zu bescheiden anzusetzen.

Die meisten Selbsthilfebücher versprechen – werbetaktisch geschickt – ein glückliches Leben. Ich möchte dieses Ziel einschränken und es so formulieren: Versuchen Sie, ein *relativ* glückliches Leben zu führen.

---

[12] vgl. Schriftenreihe der Psychosomatischen Fachklinik Bad Pyrmont: Borgart (1998)

Leitsatz — **Ihr Ziel: Ein relativ glückliches Leben führen**

Es zeugt nicht von falscher Bescheidenheit, wenn man nur ein *relativ* zufriedenes Leben anstrebt anstelle der Forderung nach maximalem Glück. Diese Selbstbescheidung entspringt der Vernunft und führt – wie wir noch sehen werden – paradoxerweise häufig zu mehr Zufriedenheit als eine Einstellung, die geprägt ist von der maximalen Forderung nach Glück.

Andererseits möchte ich Ihnen, bevor ich – beginnend im nächsten Abschnitt – konkret zeigen werde, wie Sie das Ziel einer relativ zufriedenen Lebensführung erreichen können, einen Rat geben, der falscher Bescheidenheit ein Ende setzen kann:

Leitsatz — **Hören Sie auf, sich in Ihrem Leben an die zweite Stelle zu setzen. Räumen Sie sich den ersten Platz ein.**

Es ist gar nicht selten, daß mich Frauen in meiner psychotherapeutischen Praxis aufsuchen, die – obwohl noch jung – bereits Symptome des sogenannten Burn-out, also der psychischen wie physischen Erschöpfung, zeigen.

Hauptursache dieses Zustandes ist ihre Gewohnheit, sich als Ehefrauen und Mütter buchstäblich rund um die Uhr nur ihrer Familie zu widmen. Ihre eigenen Bedürfnisse und Ansprüche auf Erholung setzen sie an die zweite Stelle. Oder ich erlebe Menschen, die in einer unbefriedigenden Beziehung leben, aber ihren Partner mit diesem Problem nicht konfrontieren, aus Angst, diesen zu verletzen.

Dieses „Sich-an-die-zweite-Stelle-setzen“, z.B. in der Form der Selbstaufopferung oder des falschen Mitleids, hindert Menschen über längere Zeit oder zumindest zeitweise daran, relativ zufrieden zu leben.

Aber ist es denn nicht amoralisch und egoistisch, sich an die erste Stelle zu setzen?

Heißt es nicht: „Liebe deinen Nächsten wie dich selbst“?

Eben! Wie können wir unseren Nächsten lieben, d.h. uns sozial verhalten, wenn wir *uns* nicht lieben? (Vgl. Sie hierzu den Infokasten 5 „Desiderata“)

Viel zu häufig wird uns in der Erziehung ausdrücklich oder stillschweigend die im Grunde menschenverachtende Idee eingeimpft, daß wir zurückstehen, „bescheiden“ bleiben sollen: „Eigenlob stinkt!“ Wir werden aufgefordert, unsere Nächsten *mehr zu lieben als uns selbst.*

Dagegen steht die Auffassung der REVT, „egoistisch“ im Sinne von wohlverstandenem *Selbstinteresse* zu sein. Die Basis dieses Selbstinteresses ist der Wunsch – einmal auf die Welt gekommen – möglichst lange am Leben zu bleiben. Aus biologischen wie sozialen Gründen entscheiden wir uns für das Leben anstelle des Todes, also dafür, von großen Schmerzen und Frustrationen möglichst frei zu bleiben. Letzteres heißt auch: ein zufriedenes und lebenswertes Leben zu führen. Weil Menschen, wie *Adolf Portmann*[13] feststellte, extrem soziale Wesen sind, gehört es zu den Hauptquellen ihrer Zufriedenheit, mit anderen Menschen zusammenzuleben. Diogenes in seiner Tonne ist nicht die Regel[14], sondern die Ausnahme. Daher ist es nicht sinnvoll, sich auf Kosten anderer schrankenlos auszuleben. Das Leben mit anderen und unter anderen Menschen erfordert die Beachtung sozialer Regeln, die freilich nicht ein für alle Mal festgelegt sind, sondern dem Wandel unterliegen.

Fazit: Neben Selbstinteresse ist soziales Interesse, soziale Moral nötig, wenn wir auf Dauer zufrieden leben wollen; aber Selbstinteresse kommt sozusagen eine ideelle Sekunde vor sozialem Interesse. Mehr zu diesem Thema lesen Sie bitte im Infokasten 4 „Menschliche Lebensziele“.

---

[13] Portmann, A. (1951). Biologische Fragmente zu einer Lehre vom Menschen.

[14] Diogenes von Sinope war ein griechischer Philosoph, der einsiedlerisch in völliger Bedürfnislosigkeit lebte (in einer Tonne)

Info 4

Menschliche Lebensziele
oder
Die Axiome der Rational-Emotiven Verhaltenstherapie

1. Alle Menschen wollen ihre Existenz so lange bewahren, wie ihre biologische Ausstattung dies zuläßt. Sie wollen bis zu dem Zeitpunkt, wo sie als sterbliche Wesen ihre Existenz aufgeben müssen, leben und überleben.

   Bedeutung: Gesundheitsbewußt leben!

2. Die Menschen wollen die kurze Zeitspanne ihrer irdischen Existenz – und es gibt bislang keinerlei wissenschaftlich begründete Annahmen, daß es neben dieser irdischen Existenz eine andere geben könne – möglichst glücklich leben.

   Bedeutung: Hedonistisch[15] leben!

3. Die Menschen scheinen ihrem Ziel, glücklich oder relativ glücklich und zufrieden leben zu können, am ehesten durch erfolgreiches Zusammenleben mit anderen Menschen, im sozialen Kontakt mit anderen Menschen, nahezukommen.

   Bedeutung: Sozial leben!

4. Neben dem Leben in einer sozialen Gruppe scheinen Menschen eine bedeutsame Beziehung zu einem anderen Menschen als besonders glücksverheißend anzusehen.

   Bedeutung: In Partnerschaft leben!

---

15 Hedonismus: philosophische Lehre, nach der das Wohlbefinden (der „Genuß“) das Ziel und der Antrieb menschlichen Handelns ist

Info 4

5. Schließlich scheint es ein grundlegendes Streben der Menschen zu sein, sich produktiv und kreativ mit ihrer Umwelt auseinanderzusetzen – Arbeit und Spiel stellen die grundlegenden Formen dar, in denen sich dieser Wunsch nach Produktivität und Kreativität äußert.

   Bedeutung: Sich in Arbeit und/oder Spiel verwirklichen!

Falsche Bescheidenheit überwinden

Hier sind klare Gründe, warum wir uns besser nicht zurücksetzen:

- **Keine Gemeinschaft von Heiligen**

Wir leben nicht in einer Gemeinschaft von Heiligen und Engeln, die unsere selbstaufopfernden Handlungen selbstverständlich und automatisch mit noch größerer oder zumindest gleicher Selbstaufopferung, mit Liebe und Zuneigung beantworten. Viele Menschen benehmen sich recht ausbeuterisch und nutzen die Schwächen ihrer Mitmenschen für ihren Vorteil aus. Noch mehr Menschen sind wahrscheinlich nicht so; aber aufgrund ihrer persönlichen Schwächen, ihrer „Dummheit" oder emotionalen Störungen kann man sich nicht darauf verlassen, daß sie immer sehr moralisch handeln. Deshalb ist es eine Hypothese mit wenig Chancen eines Beweises, daß Selbstaufopferung bei uns zu Opferbereitschaft bei anderen führt.

- **Partnerschaft statt Selbstaufopferung**

Selbstaufopferung macht es anderen leicht, sich ausbeuterisch zu benehmen. Sie ermuntert manche Menschen geradezu, sich unsozial zu verhalten. Daher werden partnerschaftliche, faire Beziehungen unter den Menschen eher behindert und Abhängigkeit, emotionale Störung und Inhumanität eher gefördert.

- **Wir sind nicht absolut angewiesen auf die Wertschätzung anderer**

Sich an die zweite Stelle zu setzen, hat häufig seinen Grund darin, daß wir glauben, auf die Wertschätzung und Zuneigung anderer Menschen *absolut angewiesen* zu sein, sodaß wir bereit sind, buchstäblich alles zu tun, um uns diese Zuneigung zu erhalten. Mit der Folge, daß wir unsere „persönlichen Grundrechte“ aufgeben: unsere Ansichten, Meinungen, Wünsche und Gefühle zu äußern.

- **Seines eigenen Glückes Schmied zu sein ist eine aufregende Aufgabe**

Seines eigenen Glückes Schmied zu sein, ist eine enorme, herausfordernde Aufgabe. Die Welt ist ein Platz voller Schwierigkeiten und widriger Umstände. Zwar nicht *schrecklich* oder *furchtbar*, wie die REVT lehrt, aber sie fügt uns manchmal große Schmerzen zu. Wenn wir uns dennoch der Aufgabe stellen, für uns ein *relativ* zufriedenes Leben zu planen, indem wir die *unvermeidlichen* negativen Begleiterscheinungen unserer Existenz akzeptieren, während wir uns bemühen, die veränderbaren Schwierigkeiten zu verringern, so kann diese Existenz geradezu aufregend erfreulich werden.

- **Sie werden attraktives Vorbild für andere**

Mit hoher Wahrscheinlichkeit wird Sie das Bemühen um positive Gestaltung Ihres Lebens zu einer Person machen, die sehr attraktiv für andere ist. Denn Menschen, die mit Energie an die Gestaltung einer zufriedenen Lebensführung herangehen, *erhöhen die Chancen für ihre Partner*, ebenfalls Zufriedenheit in ihrem Leben zu erreichen, indem sie als nachahmenswerte Modellpersonen fungieren.

Info 5

Desiderata

Gehe ruhig und gelassen durch Lärm und Hast und sei des Friedens Eingedenk, den die Stille bergen kann. Vertrage Dich wenn möglich mit Deinen Mitmenschen, ohne Dich selbst aufzugeben. Äußere Deine Wahrheit ruhig und klar, und höre anderen zu, auch den Geistlosen und Unwissenden; auch sie haben ihre Geschichte. * Meide laute und aggressive Menschen; für den Geist sind sie eine Qual. Wenn Du Dich mit anderen vergleichst, könntest Du bitter werden und Dir nichtig vorkommen; denn immer wird es jemanden geben, der größer oder geringer ist als Du. * Freue Dich über Deine eigenen Leistungen, wie auch über Deine Pläne. Bleibe weiter an Deinem eigenen Weg interessiert, wie bescheiden er auch sein mag. Im wechselnden Glück der Zeiten ist er ein echter Besitz. In Deinen geschäftlichen Angelegenheiten lasse Vorsicht walten, denn die Welt ist voller Betrug. Doch soll Dich das nicht blind machen gegenüber vorhandener Rechtschaffenheit. Viele Menschen bemühen sich, hohen Idealen zu folgen, und überall ist das Leben voller Heldenmut. * Sei Du selbst. Vor allem heuchle nicht Zuneigung. Steh der Liebe nicht zynisch gegenüber. Denn trotz aller Dürre und Enttäuschung ist sie doch ewig wie das Gras. * Nimm freundlich gelassen den Ratschluß der Jahre an, und gib mit Würde die Dinge der Jugend auf. Stärke die Kraft des Geistes, damit er Dich bei unvorhergesehenem Unglück schützt. Aber beunruhige Dich nicht mit Gedanken und Vorstellungen. Viele Ängste kommen aus Erschöpfung und Einsamkeit. Bei einem gesunden Maß an Selbstdisziplin sei gut zu Dir selbst. * Du bist ein Kind des Universums, nicht weniger als die Bäume und die Sterne; Du hast ein Recht, auf der Welt zu sein. Und, ob es Dir klar ist oder nicht: Die Welt ist so wie

Info 5

> sie sein sollte. * Darum lebe in Frieden mit Gott, wie auch immer Du ihn verstehst. Und, was auch immer Dein Mühen und Sehnen ist: Halte in der lärmenden Wirrnis des Lebens Frieden mit Deiner Seele. Trotz allem Schein, aller Mühsal und aller Enttäuschungen, ist diese Welt doch wunderschön. * Sei vorsichtig. Und strebe danach, glücklich zu sein.
>
> Aus der alten St. Pauls Kirche, Baltimore, 1692 A.D.

Sind Sie skeptisch?

Sehr gut! Den Zweifel zum Prinzip des Denkens zu erheben, dazu will Sie dieses Buch ermutigen. Jede Theorie – auch eine psychotherapeutische – kann nur dann den Anspruch einer wissenschaftlichen Theorie erheben, wenn Ihre Aussagen bezweifelbar und gegebenenfalls widerlegbar bleiben. Dieser Erkenntnis – grundlegend formuliert in der zeitgenössischen Philosophie des Kritischen Rationalismus von *Karl Popper*[16] – ist die REVT verpflichtet. Darüberhinaus will sie uns gerade zeigen, wie wir die wissenschaftliche Methode auch in unserem Alltagsdenken anwenden können, um glücklicher leben zu können und nicht gleich den Kopf zu verlieren, wenn etwas in unserem Leben schief läuft.

---

[16] Die Wissenschaftsposition des Kritischen Rationalismus von Popper, der als Gegenposition zum logischen Positivismus entstand, ist vollkommen vereinbar mit der Position von Ellis. Mißverständnisse ergaben sich hier manchmal, wenn der Ellis'sche Begriff „rational“ falsch verstanden wird. Ellis gebraucht den Begriff heuristisch.

2. Das ABC des zufriedenen Lebens oder: Wie entstehen belastende Gefühle?

Die wissenschaftliche Methode zur Lösung emotionaler Probleme auf unser Alltagsdenken anzuwenden klingt kompliziert. Sie werden jedoch in diesem Abschnitt erkennen, daß die theoretischen Grundlagen der Rational-Emotiven Verhaltenstherapie (REVT) leicht verständlich sind. Dies gilt insbesondere auch für die berühmte ABC-Theorie über das Zustandekommen von Gefühlen. Wie wir uns fühlen ist ja ausschlaggebend dafür, ob wir zufrieden leben oder nicht. Daher ist es wichtig, zu wissen, wie menschliche Gefühle entstehen: also wie es dazu kommt, daß wir uns depressiv, ängstlich, wütend oder gelassen und heiter fühlen. In unserem Alltagsdenken gehen wir häufig davon aus, daß es

- **äußere Umstände**
- **gegenwärtige Ereignisse und Situationen**
- **oder frühe Kindheitsschicksale**

sind, die unser seelisches Erleben bestimmen.

Viele Menschen glauben zum Beispiel, für ihre depressive Verstimmung seien grundsätzlich äußere Umstände verantwortlich, etwa die Tatsache, daß ihr Partner sie verlassen hat. Oder sie führen ihre Angst vor öffentlichem Sprechen buchstäblich auf die Anwesenheit des Publikums zurück.

Bis zu einem gewissen Grad ist das auch richtig; denn solch äußere Umstände *aktivieren* uns. Zum Beispiel aktiviert uns Furcht vor einer äußeren Gefahr, wegzulaufen oder Verteidigungshaltung einzunehmen.

Aus diesem Grund nennen wir solche Umstände Aktivierende Ereignisse oder Aktivierende Erfahrungen und ordnen sie dem Punkt A zu.

A

Aktivierende Ereignisse
oder
Aktivierende Erfahrungen

Beispiel — **Einige Aktivierende Ereignisse oder Erfahrungen**

(1) Ich werde von meiner Partnerin/meinem Partner verlassen.
(2) Ich verliere meinen Job und werde arbeitslos.
(3) Jemand kritisiert mich.
(4) Ich erleide eine Panikattacke.

Wenn uns in unserem Leben *Aktivierende Ereignisse* begegnen (Beispiele 1 – 3) oder wir *Aktivierende Erfahrungen* machen (Beispiel 4) – am Punkt A – so reagieren wir für gewöhnlich unmittelbar: mit depressiver Verstimmung, Angst, Freude oder anderen Gefühlen, d.h. wir fühlen uns gut, neutral oder schlecht. Das sind die emotionalen Consequenzen.[17] Diese ordnen wir dem Punkt C zu.

C

Emotionale Consequenzen

[17] Da Konsequenzen im Englischen mit C (Consequences) geschrieben wird, konnte sie Albert Ellis in seiner ABC-Theorie dem Punkt C zuordnen. Um diese griffige Formel beibehalten zu können, schreiben wir in diesem Buch Consequenzen ebenfalls mit C.

Beispiel

Einige emotionale Consequenzen

Wut
Ärger
Feindseligkeit
Haß
Verdruß
Irritation
Frustration

Depression
Verzweiflung
Gekränktsein
Beleidigtsein
Trauer
Unglücklichsein
Enttäuschung

Schuldgefühle
Schlechtes Gewissen
Bedauern

Angst
Panik
Furcht
Anspannung
Lampenfieber
Besorgnis

Übung 1: Emotionale Consequenzen

Identifizieren Sie Ihre Gefühle anläßlich eines bedeutsamen Aktivierenden Ereignisses:

Nehmen Sie an, Sie seien von Ihrem Chef gerade unberechtigterweise in Anwesenheit anderer Mitarbeiter kritisiert worden. Wenn Sie sich eine solche Situation (also ein Aktivierendes Ereignis) vorstellen, welche Gefühle (also emotionale Consequenzen) kommen dabei auf? (vgl. die obigen Beispiele)

Vermerken Sie im folgenden alle Gefühle, die Sie empfinden:

Wir fühlen aber nicht nur, sondern unsere Gefühle veranlassen uns auch dazu, daß wir uns auf eine bestimmte Art und Weise *verhalten* (in der Folge unserer Gefühle).In unseren Beispielen könnten wir uns in unsere depressive Stimmung ergeben und *völlig passiv werden*, uns von allen Menschen *zurückziehen* oder voller Wut unsere Kritiker *attackieren* etc. Den emotionalen Consequenzen folgen also oftmals entsprechende Verhaltensconsequenzen, die wir ebenfalls dem Punkt C zuordnen.

C **Verhaltensconsequenzen**

C besteht also aus Gefühlen *und* Verhaltensweisen, wobei Verhaltensweisen ihrerseits in der Regel durch Gefühle aktiviert werden, vgl. Abb. 1

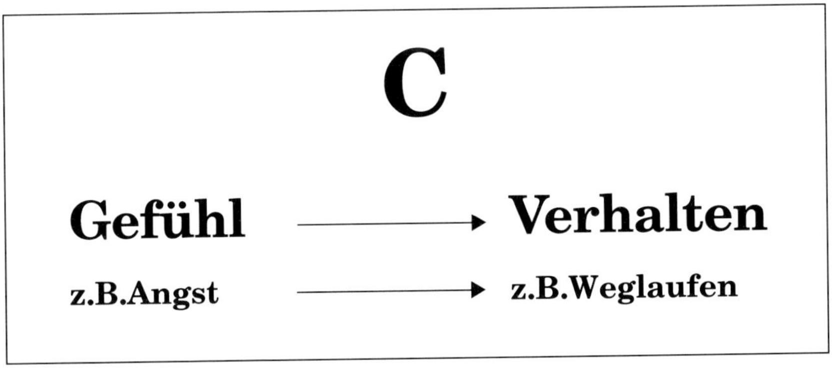

Abb. 1: Emotionale und behaviorale Consequenzen

Übung 2: Verhaltensconsequenzen

Identifizieren Sie Ihr Verhalten anläßlich eines Aktivierenden Ereignisses:

Schreiben Sie im folgenden auf, was Sie wohl als Folge Ihrer Gefühle in dieser Situation tun würden.

Und / Oder: Was würden Sie vielleicht nicht tun, also vermeiden?

Entscheidend ist aber nun folgendes: In unserem Alltagsdenken glauben wir häufig fälschlicherweise, daß das, was uns am Punkt A passiert, unsere Reaktionen am Punkt C *verursacht*, vgl. Abb. 2.

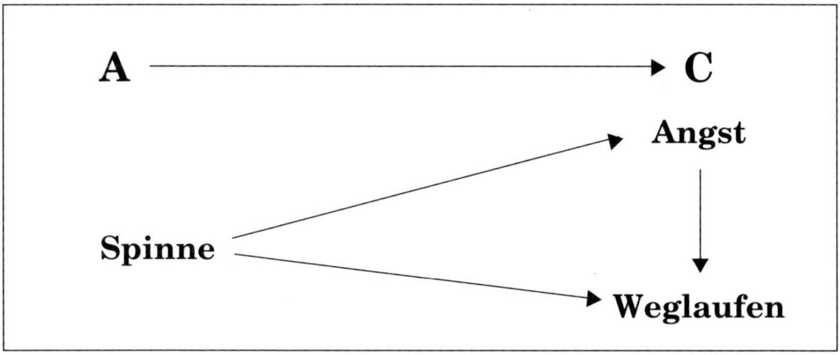

Abb. 2: Der irrige A-C-Schluß im Alltagsdenken

Also z.B., daß eine Spinne Angst verursacht (so der Glaube eines Menschen mit einer Spinnenphobie). Doch diese Sichtweise verkennt, daß Menschen nahezu ständig interpretierende und wertende, also denkende Wesen sind. Am Punkt B schieben sich unsere Interpretationen und Bewertungen (unsere persönliche Stellungnahme) zwischen die Punkte A und C.[18]

Im Gegensatz zum Alltagsdenken steht daher das ABC-Modell über das Zustandekommen emotionaler Consequenzen, vgl. Abb. 3.

[18] Von Albert Ellis dem Punkt B zugeordnet (für englisch: Beliefs = Denkmuster)

A	→	B	→	C
Spinne		***„Wie schrecklich"***		**Angst + Weglaufen**

Abb. 3: Das ABC-Modell

B umfaßt danach das, was *Menschen zu sich sagen*, wenn sie A begegnen. Oder anders ausgedrückt: was die Menschen über das denken, was ihnen passiert.

Beispiele:

Was sagt sich der depressiv verstimmte, verlassene Partner über das Verlassenwerden (A)?

Was sagt sich der Sprechängstliche über die Situation, vor einem großen Publikum zu sprechen (A)?

Wahrscheinlich etwa folgendes:

„Wie *entsetzlich*, daß ich verlassen worden bin! Das ist eine *Katastrophe* in meinem Leben. Es hat nun alles keinen Sinn mehr!" u.ä.

Beziehungsweise:

„Wie *furchtbar*, wenn ich in meiner Rede steckenbleibe oder mich blamiere! Die Leute werden mich auslachen und ich werde als Versager dastehen!" etc.

Zur Verdeutlichung sehen Sie sich bitte die folgende Zusammenstellung an, Tafel 1.

Alltagsdenken (A-C-Denken)	**ABC-Theorie**
1. Dein schnelles Auto (= Aktivierendes Ereignis oder Aktivierende Erfahrung am Punkt A) hat mich sehr geängstigt (= emotionale Konsequenz)	Du bist schnell mit dem Auto gefahren (= Punkt A). Ich dachte, daß das sehr gefährlich sei (= Interpretation am Punkt B) und ängstigte mich daher (= C als Folge von B!)
2. Der Anruf meiner Mutter (Punkt A) hat mich wütend gemacht (Punkt C).	Meine Mutter hat angerufen (Punkt A). Was sie sagte, hielt ich für äußerst unfair (Punkt B). Darüber wurde ich wütend (C als Folge von B).
3. Ich bin total niedergeschlagen (Punkt C), weil ich durch die Prüfung fiel (Punkt A).	Ich fiel durch die Prüfung (Punkt A). Dieses Ereignis halte ich für furchtbar (Punkt B). Deshalb bin ich niedergeschlagen (C als Folge von B).

Tafel 1: Alltagsdenken versus ABC-Theorie

Wie Sie an dieser Gegenüberstellung leicht erkennen können, ist es hauptsächlich der Punkt B (= unser inneres Selbstgespräch bzw. das, was wir uns über A sagen), der unsere emotionalen Consequenzen am Punkt C bestimmt.

Viele meiner Klienten finden auch folgendes Beispiel einleuchtend:

Nehmen wir an, ein und dasselbe Ereignis widerfährt am Punkt A hundert Personen. Diese hundert Personen seien vom gleichen Geschlecht, etwa gleichen Alters, gleicher Schulbildung, gleicher sozialer Herkunft, hätten das gleiche Einkommen etc.

Dennoch reagieren sie aber am Punkt C recht unterschiedlich. Nehmen wir an, sie alle hätten gerade bei ihrer Bank 1000.– DM abgehoben und gleich darauf ihre Brieftasche mit dem Geld in einer Telefonzelle liegengelassen. Das Geld war weg. (Aktivierendes Ereignis, A). Einige, wahrscheinlich nur sehr wenige würden sich vielleicht erleichtert und zufrieden fühlen (emotionale Consequenz, C). Ihr inneres Selbstgespräch (B) könnte lauten: „Okay – das wird mir helfen, in Zukunft besser auf mein Geld zu achten. Ich habe etwas dazugelernt!"

Einige würden sich ziemlich indifferent fühlen (C). („Na ja, ich bin noch nicht bankrott, diesen Verlust werde ich schon verschmerzen.")

Die meisten würden wohl enttäuscht und/oder traurig sein (C). Sie würden vielleicht so denken (B): „Schade um das schöne Geld. Dafür hätte ich mir was Schönes kaufen können. So leichtsinnig werde ich in Zukunft nicht mehr sein!"

Aber einige der Hundert schließlich würden sich sehr depressiv fühlen (C), denn ihre persönliche Stellungnahme(B) könnte lauten: „Oh Gott, wie *schrecklich*, daß ich das gemacht habe. Ich bin eben ein *Vollidiot* und stelle in meinem Leben immer so unverzeihlich dumme Dinge an!"

Fazit:

Es war kaum *das Ereignis als solches* (A), das jeweils zu Erleichterung, Indifferenz, Enttäuschung oder Depression (C) führte, sondern die Art und Weise, wie die betreffenden Menschen dieses Ereignis interpretierten und bewerteten: was sie am Punkt B zu sich sagten!

Glücklicherweise unterliegt B eher unserer Kontrolle als A (das Aktivierende Ereignis); denn es gibt Dinge (A's), über die wir keine Kontrolle haben. Das erkannte schon *Epiktet*, als er vor ca. 2000 Jahren sagte:

Zitat

„Eins steht in unserer Gewalt,
ein anderes nicht.
In unserer Gewalt steht unser Denken,
unser Tun,
unser Begehren, unser Meiden
– alles, was von uns selber kommt.
Nicht in unserer Gewalt steht unser Leib,
unsere Habe, unser Ansehen,
unsere äußere Stellung
– alles, was nicht von uns selber kommt.“

Aus heutiger Sicht: Sie könnten unverschuldet einen Autounfall erleiden (A), plötzlich einen Schlaganfall bekommen (A) oder von jemandem sehr unfair behandelt werden (A). Widrigkeiten können Ihnen im Leben widerfahren, egal wie Sie sich verhalten. Und manchmal sind sie unabänderlich und unvermeidbar.

Im Gegensatz dazu steht das, was Sie über diese Ereignisse denken, Ihr Interpretations- und Bewertungssystem (B = Belief system), „in Ihrer Gewalt“. Das heißt, Sie können auch angesichts äußerer Ereignisse Ihre emotionalen Reaktionen und Verhaltensweisen lenken.[19] Zum Beispiel könnten Sie bei Auftreten eines Magengeschwüres medizinischen Rat einholen, Ihre Lebensweise so verändern, daß Sie sich wieder erholen und möglichst die Entwicklung eines neuerlichen Megengeschwüres verhindern anstatt sich über Ihre Erkrankung ständig zu beunruhigen und aufzuregen.

Wenn Sie jemand ablehnt oder zurückweist, so können Sie – anstatt über dieses Ereignis zu verzweifeln – versuchen, diese Person doch noch für sich einzunehmen oder sich nach einem anderen Menschen umschauen.

[19] Auf diese Fähigkeit verweist die meinem Buch vorangestellte Aussage des Quantentheoretikers Atkins

Übung 3: Das ABC-Modell anwenden

A • Aktivierendes Ereignis

Wählen Sie z.B. eine schwierige Problemsituation aus Ihrem Arbeits- oder Privatleben, möglichst aus letzter Zeit. Beschreiben Sie die Situation kurz:

B • Gedanken

Rufen Sie sich ins Gedächtnis, was Sie über die Situation bzw. in der Situation dachten. Was ging Ihnen durch den Kopf? Welche Erwartungen, welche Bewertungen hatten Sie?

C • Consequenzen

Wie fühlten Sie sich als Ergebnis Ihres inneren Selbstgespräches, Ihrer Gedanken über A? Vermerken Sie alle Gefühle, an die Sie sich erinnern können.

Was haben Sie getan (oder vermieden) als Folge Ihrer Gedanken und Gefühle?

Können Sie sich an irgendwelche körperlichen Streßanzeichen erinnern, die Sie in der Situation verspürten?

Info 6

Körperliche Stressanzeichen
Psychosomatik

Auf der vegetativ-hormonellen Ebene ist die Streßreaktion durch eine vegetative und hormonelle Aktivierung gekennzeichnet, z.B. wird der Atem schneller, Herz und Kreislauf arbeiten stärker, die Pupillen weiten sich, die Blutgefäße verengen sich, der Blutdruck steigt, Zucker- und Fettvorräte werden gelöst, Verbrennungsvorgänge beschleunigt, Schweißreaktionen treten auf. Die Immunabwehr des Körpers sinkt. Der Blutgerinnungsfaktor erhöht sich. Magen und Darm reduzieren ihre Aktivität, ebenso sind die Sexualfunktionen vorübergehend eingeschränkt. Auch vagotone Folgereaktionen wie Durchfall, Übelkeit oder Erbrechen können auftreten. Einige weitere Reaktionen sind:

trockener Mund
Herzklopfen
Herzstiche
Schwitzen
Erröten
Kloß im Hals
flaues Magengefühl
Kurzatmigkeit
weiche Knie
Tränen
Hervortreten der Adern
Beengtheitsgefühl in der Brust

Auf der muskulären Ebene ist die Skelettmuskulatur angespannt, der Körper ist auf Flucht oder Angriff eingestellt. Weitere Anzeichen sind:

verzerrtes Gesicht
starre Mimik

Info 6

Faustballen
Spannungskopfschmerz
Rückenverspannungen
Nackenschmerzen
nervöse Gestik
Stottern
Zucken (Tics)
Fußwippen
Zähneknirschen
Zittern
Fingertrommeln

Diese Aktivierungsreaktionen kann man erkennen und als Signale nutzen, um gezielt dagegen anzugehen. Die REVT ist ganz besonders geeignet als Training gegen Streß.[20]

Die Botschaft der ABC-Theorie lautet:

Selbst wenn ein Aktivierendes Ereignis (A) außerhalb Ihrer Kontrolle liegt, so können Sie dennoch fast immer Ihr Denken am Punkt B und somit Ihre Gefühle, Verhaltensweisen und Streßreaktionen (C) unmittelbar beeinflussen. Den entscheidenden Punkt B (für englisch: Belief = Einstellung, Glaube) wollen wir nun noch genauer „unter die Lupe nehmen".

Zwei Arten von Beliefs (B)

Wir unterscheiden zwei Arten von B's:

Leitsatz

1. Vernünftige oder rationale B's führen zu angemessenen Consequenzen (C).
2. Unvernünftige oder irrationale B's führen zu unangemessenen Konsequenzen (C).

[20] vgl. Schelp, Gravemeier & Maluck (1997), RET als Gruppentraining gegen Streß

Statt „unvernünftig“ oder „irrational“ könnten wir auch sagen: unsinnig, selbstschädigend, zielverhindernd; denn es handelt sich um Überzeugungen, die unsere grundlegenden Lebensziele torpedieren, während rationale, vernünftige Überzeugungen helfen, unsere Ziele zu erreichen.

Insbesondere das Wort „zielverhindernd“ weist auf die Bedeutung hin, die Ziele im menschlichen Leben haben. Der große Tiefenpsychologe *Alfred Adler* erkannte bereits, wie wichtig für das Verständnis der Psyche des Menschen seine grundlegende Zielorientiertheit ist. Während die Freudsche Psychoanalyse das Verhalten eines Menschen eher aus seinem WOHER erklärte und dabei auf einige anscheinend recht irrige Thesen stieß wie den Ödipuskomplex und die Annahme, daß verdrängte Sexualität die alleinige Ursache für Neurosen sei, zeigte *Adler*, daß menschliches Verhalten begriffen werden kann, wenn man das jeweilige Lebensziel analysiert. Hätte sich *Alfred Adler* nicht so sehr darin verbissen, das Minderwertigkeitsgefühl eines Menschen als *einzige* Ursache für Neurosen anzusehen, so könnte man die Rational-Emotive Verhaltenstherapie (REVT) fast als Weiterentwicklung der Adler'schen Individualpsychologie sehen.

Während aber *Adler* meinte, das grundlegende Ziel eines jeden Menschen bestehe darin, sein (angebliches) Minderwertigkeitsgefühl zu überwinden, so gehen wir in der REVT davon aus, daß Menschen verschiedene Ziele in ihrem Leben verfolgen können.

Vernünftige oder zielfördernde Einstellungen am Punkt B sind Überzeugungen, Interpretationen und Bewertungen, die uns angesichts eines Aktivierenden Ereignisses helfen, unsere grundlegenden Ziele zu erreichen. Rational denken heißt also einfach, die Dinge im Leben so zu sehen, daß wir mehr von dem bekommen, was wir uns wünschen und weniger von dem, was wir nicht mögen.

Angemessene und unangemessene Gefühle

Wieso kann uns rationales Denken dabei helfen?
Weil rationales Denken zu angemessenen Gefühlen führt, während unvernünftiges oder irrationales Denken unangemessene Emotionen nach sich zieht:

Beispiel:

Wenn Sie am Punkt A wegen eines Magengeschwüres operiert würden (= Aktivierendes Ereignis), so könnten Sie in bezug auf Ihr Ziel, nämlich möglichst gesund zu sein und zu bleiben bzw. wieder zu werden, am Punkt B folgende vernünftige persönliche Stellungnahme oder Wertung vornehmen:

„Wie bedauerlich und unangenehm, daß ich erkrankt bin. Ich bin nicht begeistert davon, mich einer Operation unterziehen zu müssen"

In der Folge dieser Bewertung des Ereignisses würden Sie am Punkt C Gefühle starken Mißbehagens und Bedauerns, evtl. Trauer und Schmerz empfinden.

Beachten Sie: Diese Gefühle betrachten wir als *angemessene* Consequenzen.

„Wieso angemessen?" könnten Sie fragen, „Trauer ist doch ein unangenehmes, negatives Gefühl!"

Zur Beantwortung dieser Frage wollen wir uns überlegen, warum Menschen überhaupt Gefühle haben. Soweit wir wissen und ziemlich offensichtlich ist z.B. die Fähigkeit, Angst zu empfinden, keine „moderne" Erscheinung innerhalb der Millionen von Jahren dauernden Entwicklung des Menschen. Gefühle der Furcht und Angst dürften in der Evolution (Entwicklung) des Menschen schon recht früh aufgetreten sein. Furcht und Angst treten auf, wenn eine Umwelterscheinung als Gefahr erkannt wird. Beim Anblick eines vorzeitlichen Säbelzahntigers dürften unsere Vorfahren Angst empfunden haben; diese Angst *motivierte* sie, sich in Sicherheit zu bringen. In der Motivierung zu entsprechenden z.B. dem Überleben dienenden Verhaltensweisen liegt der evolutionäre Sinn von Gefühlen. Verständlich ist aus dieser Sicht auch, warum Gefühle am Punkt C in der Regel unmittelbar auftreten. Individuen, die zu langsam „schalteten", verringerten damit ihre Überlebenschancen im Prozeß der Evolution.

Mit dieser Auffassung vom Sinn der Gefühle steht auch die moderne Emotionspsychologie im Einklang: Folgen wir z.B. dem bekannten Emotionspsychologen *Carroll E. Izard* (1981), so können wir sagen, daß Gefühle als das Hauptmotivationssystem des

Menschen angesehen werden, d.h. *Emotionen bestimmen Verhaltensweisen*. Und dies gilt für unangenehme (negative) wie angenehme (positive) Gefühle.

Unangenehme Gefühle wie Mißbehagen und Enttäuschung nach einer Magenoperation zeigen uns deutlich, daß wir nicht das bekommen, was wir uns wünschen, daß also etwas unseren grundlegenden Lebenszielen zuwiderläuft. Durch dieses Signal erhalten wir die Chance, etwas in unserem Leben zu verändern, um wieder in Einklang mit unseren Zielen zu kommen.

Pardoxerweise kann also ein *unerfreuliches* Aktivierendes Ereignis (A) den Weg zu einem *zufriedenen* Leben weisen, wie folgende Tafel 2 zeigt:

Z	**Übergeordnetes Ziel, Lebensziel** Allgemein formuliert: relativ zufrieden zu leben; Im Speziellen z.B.: die Zuneigung eines Menschen zu gewinnen, den wir mögen.
A	**Aktivierendes Ereignis** Eine bestimmte Person lehnt mich ab.
rB	**Rationale Bewertung** „Ich mag es nicht, abgelehnt zu werden. Wie unangenehm! Ich wünschte, diese Person würde mich mögen."
aC	**Angemessene Consequenz** Gefühle der Enttäuschung, des Bedauerns und/oder der Trauer. „Trauerarbeit": Versuch, die Zuneigung dieser Person doch noch zu gewinnen oder Suche nach anderen Partnern, mit denen sich das angestrebte Ziel eher erreichen läßt oder Suche nach ausfüllenden, kreativen Tätigkeiten, die (zumindest zeitweise) auch ohne Partner ein relativ zufriedenes Leben ermöglichen.

Tafel 2: Angemessene Gefühle fördern unsere Ziele

Unangenehme, negative Gefühle wie Enttäuschung, Trauer, Frustration, Bedauern und Schmerz sind hier also starke Motivatoren im Dienste Ihrer Lebensziele.

Deshalb nennen wir sie *angemessene*, hilfreiche Gefühle, die einem rationalen, d.h. vernünftigen Denken folgen. Betrachten wir statt dessen den Ablauf in Tafel 3:

Z **Lebensziel**

Allgemein formuliert: relativ zufrieden zu leben;
Speziell z.B.: die Zuneigung und Anerkennung eines Menschen zu gewinnen, den wir mögen.

A **Aktivierendes Ereignis**

Eine bestimmte Person lehnt mich ab.

iB **Irrationale Bewertung**

„Es ist *schrecklich*, von jemandem abgelehnt zu werden, den ich wirklich gern habe. Ich finde diese Erfahrung *unerträglich*! Das *sollte* mir nicht passieren. Ich muß irgendwie *minderwertig* sein, sonst wäre ich nicht abgelehnt worden."

uC **Unangemessene Consequenz**

Gefühle der Angst und Depression, vollständiger Rückzug von der ablehnenden Person oder verzweifelte Versuche, die Wertschätzung wieder zu erlangen. In der Folge eine Tendenz, Beziehungen aus Angst vor Ablehnung zu vermeiden und/oder Entwicklung starken Mißtrauens gegen Menschen (sog. Misanthropie).

Tafel 3: Unangemessene Gefühle sabotieren unsere Ziele

Unangemessen Gefühle sind hier also die Folge, wenn wir neben rationalen, vernünftigen Annahmen (z.B.: „Ich *mag es nicht*, abgelehnt zu werden.") *zusätzlich* irrationale Annahmen „mitdenken". Unangemessene Gefühle fördern unsere Grundziele nicht, sondern erweisen sich als hinderlich. Irrationale Annahmen sind daher selbstschädigende Überzeugungen.

Leitsatz —

Selbstschädigende Überzeugungen

Sie entbehren eines tatsächlichen Beweises
Sie verallgemeinern in unzulässiger Weise
Sie bestehen aus fordernden, absolutistischen Überlegungen
Sie sind dogmatisch, einseitig und maßlos
Sie sie sind nicht „wahr".

Wie können Sie herausfinden, ob in *Ihrem* Denken absolutistische, dogmatische Momente enthalten sind?

In der Arbeit mit zehntausenden von Patienten seit vielen Jahren entdeckten rational-emotive Therapeuten in der ganzen Welt immer wieder, daß fast alle Formen emotionaler Störung durch das Denken in Begriffen wie Müssen, Sollen, Nicht-dürfen etc. (der sog. Muß-Ideologie) verursacht waren.

Leitsatz —

Die MUSS-IDEOLOGIE

müssen
sollen
nicht dürfen

Beispiel:

Nehmen Sie an, Sie sagten zu sich: „Ich *muß* eine feste Partnerschaft haben, um zufrieden leben zu können."

Damit ist in der Regel gesagt, daß es nicht nur *wünschenswert* wäre, eine feste Beziehung zu haben, sondern es schwingt mehr oder weniger deutlich mit: „Ich *muß* eine feste Partnerschaft haben! Ohne sie kann ich auf keinen Fall zufrieden sein. Wenn ich keine Partnerbeziehung habe, dann liegt es wahrscheinlich daran, daß ich *eine Null* bin – unfähig für Beziehungen! Das ist *schrecklich*!" Wenn sich das hinter Ihrem „Ich *muß* einen Partner haben!" verbirgt, dann kommen Sie wahrscheinlich in große emotionale Probleme.

Daraus ergibt sich: Wann immer Sie emotionale Probleme haben – sich sehr ängstigen und sorgen, niedergedrückt oder wütend und feindselig sind, unter Schuldgefühlen und Selbsthaß leiden – suchen Sie nach den dahinterliegenden MUSS-ANNAHMEN (Ihren selbstschädigenden Überzeugungen).

Eigenaktivität

Übung 4: Die Muß-Ideologie entlarven!

Überlegen Sie, welche Müssen-, Sollen-, Nicht-Dürfen-Annahmen bei Ihnen vorkommen. Unter Spalte 1 beschreiben Sie kurz die Situation, die mit Ihren Muß-Annahmen zusammenhängt. Unter Spalte 2 vermerken Sie Ihre „Muß-Annahmen".
Suchen Sie nach Beispielen aus Ihrem Arbeitsleben und aus Ihrem Privatbereich.

1	2
Situationen im Arbeitsleben	*Müssen / Sollen / Nicht-dürfen*
___	___
___	___
___	___
___	___
___	___
Situationen im Privatleben	
___	___
___	___
___	___
___	___
___	___

3. Die Tyrannei des Muß: herausfinden und verändern

In der therapeutischen Arbeit mit Klienten hat sich gezeigt, daß es drei grundlegende selbstschädigende oder irrationale Denkmuster gibt, die fast immer anzutreffen sind, wenn Menschen psychische bzw. emotionale Probleme haben. Sie basieren alle auf absolutistischen MUSS-ANNAHMEN oder – wie *Albert Ellis* es nennt – auf „muß-turbatorischem" Denken[21]. Dieses muß-turbatorische Denken kann bei nahezu allen unseren Tätigkeiten und in fast allen Situationen auftreten und zieht drei verwandte Ausprägungen oder abgeleitete Denkmuster nach sich:

Analyse

Das erste selbstschädigende Denkmuster lautet:

„Ich *muß* bei den Dingen, die ich tue, erfolgreich sein (bzw. perfekt sein) und *muß* die Anerkennung und Wertschätzung der Menschen haben, die ich als für mich wichtig ansehe."

1. Ableitung: Katastrophisieren in bezug auf die eigene Person

„Wie *furchtbar*, wenn ich keinen Erfolg habe bzw. nicht anerkannt werde!"

2. Ableitung: Die „Ich-kann-es nicht-aushalten-Krankheit" in bezug auf die eigene Person

„Es ist *nicht auszuhalten*, wenn ich keinen Erfolg habe und keine Anerkennung bekomme!"

[21] „Im Gegensatz zum Masturbieren" – so Ellis – „handelt es sich beim Muß-turbieren um eine äußerst schädliche Angewohnheit."

Analyse

3. Ableitung: Pauschales Abwerten in bezug auf die eigene Person

„*Ich bin nichts wert*, wenn ich nicht erfolgreich bin und die Anderen mich nicht wertschätzen!"

Aufgrund dieses „muß-turbatorischen" Denkmusters stellen sich immer dann, wenn im Leben etwas entgegen unseren *Forderungen* läuft, starke Gefühle der Angst und Panik und/oder zwanghaftes Besorgtsein ein. Depressive Stimmungen, Selbsthaß, Schuldgefühle folgen, wenn wir nicht den Erfolg haben, den wir glauben haben zu *müssen*.

Analyse

Das zweite selbstschädigende Denkmuster lautet:

„Die Menschen, mit denen ich Kontakt habe, *müssen* mich freundlich und fair behandeln; wenn sie das aber nicht tun, so muß man sie dafür zur Verantwortung ziehen bzw. sie bestrafen oder ernsthaft verurteilen und verdammen."

1. Ableitung: Katastrophisieren in bezug auf andere

„Es ist *schrecklich*, wenn du mich weniger freundlich oder fair behandelst als du es *solltest*!"

2. Ableitung: Die „Ich-kann-es nicht-aushalten-Krankheit" in bezug auf andere

„Es ist *nicht zu ertragen*, wenn du mich so schlecht oder unfair behandelst wie du es doch auf keinen Fall *dürftest*."

Analyse

3. Ableitung: Pauschales Abwerten anderer Personen

„Du bist ein ausgesprochen *schlechter Mensch*, wenn du mich weniger freundlich oder fair behandelst als du solltest!“

Aus diesem Denkmuster resultieren fast immer Wut- und Ärgergefühle, Überreaktionen und ständiges Aufbegehren, was wiederum gewalttätige Handlungen verschiedenster Art auslösen kann.[22]

Analyse

Das dritte selbstschädigende Denkmuster lautet:

„Die Umstände, unter denen ich lebe, *müssen* so sein, daß ich alles, was ich mir wünsche, schnell, leicht und angenehm erreiche; Schwierigkeiten und Hindernisse *dürfen nicht* auftreten.“

1. Ableitung: Katastrophisieren in bezug auf die Lebensumstände

„Es ist eine *Katastrophe*, wenn die äußeren Umstände so beschaffen sind, daß ich etwas sehr entbehren muß oder weniger bekomme als ich mir wünsche, oder daß ich *zu lange* und *zu hart* daran arbeiten muß, damit meine Wünsche sich erfüllen!“

2. Ableitung: Die „Ich-kann-es nicht-aushalten-Krankheit“ in bezug auf die Lebensumstände

„Ich kann ein Leben *nicht ertragen*, das mir mehr abverlangt als ich geben will; denn das ist nicht nur hart, sondern *zu hart*; so hart *sollte* es nicht sein!“

---

[22] Es spricht viel dafür, daß Gewalttaten aller Art bis hin zu Terrorismus und Genozid (Völkermord) mitbedingt sind durch diese irrationalen Dogmen

Analyse

3. Ableitung: Pauschales Abwerten der Lebensumstände

„Mein Leben ist elend und kläglich, wenn die Dinge falsch laufen und ich nicht genau das erreiche, was ich will, wann immer ich es will! Es ist geradezu so *unerträglich*, daß es nicht lebenswert ist. Ich könnte mich genausogut umbringen, um diesen *schrecklichen Umständen* zu entgehen!“

Dieses selbstschädigende Denkmuster führt fast unvermeidlich zu Selbstmitleid, Depression, Apathie und geringer Frustrationstoleranz. Auf der Verhaltensseite entsprechen diesen Gefühlen Rückzugstendenzen, Vermeidungsverhalten, Passivität und Entschlußlosigkeit, vgl. auch Abb. 4

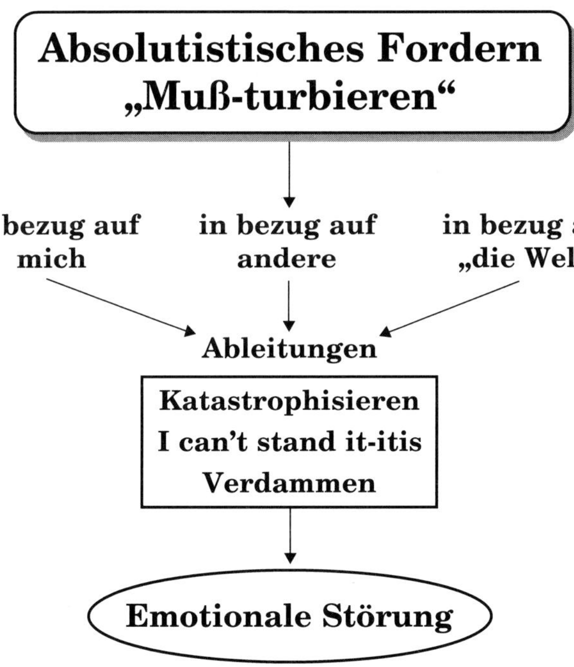

Abb. 4 : Zentrale Dysfunktionale / Selbstschädigende (irrationale) Kognitive Schemata: Beliefs und Ableitungen (nach Ellis)

Übung 5: Selbstschädigende Denkmuster herausfinden

Auf der Basis der drei selbstschädigenden Denkmuster können Sie damit beginnen, Ihre speziellen selbstschädigenden Denkgewohnheiten herauszufinden. Schreiben Sie in Spalte 1 diejenigen selbstschädigenden, irrationalen Überzeugungen auf, die in Ihrem Denken anläßlich schwieriger Situationen im Privat- und / oder Arbeitsleben vorkommen.
In Spalte 2 beschreiben Sie kurz die Situation, die Ihr inneres Selbstgespräch auslöste. Viele selbstschädigende Denkmuster treten immer wieder auch in verschiedenen Situationen auf.
Überprüfen und ergänzen Sie in Zukunft diese Liste. Auf diese Weise werden Sie sehen, daß bestimmte Situationen häufig auch bestimmte selbstschädigende Denkgewohnheiten nach sich ziehen – und speziell, welche irrationalen Denkmuster in Ihrem Denken vorherrschen.

1 *Selbstschädigende Gedanken*	***2*** *Auslösende Situationen*
______________________	______________________
______________________	______________________
______________________	______________________
______________________	______________________
______________________	______________________
______________________	______________________
______________________	______________________
______________________	______________________
______________________	______________________

Natürlich treten diese selbstschädigenden Denkmuster nicht immer in der oben präsentierten Klarheit und Kürze auf. Insbesondere sind sie uns auch nicht immer voll bewußt; zwar nicht in dem Sinne, wie *Sigmund Freud* vom Unbewußten spricht, aber so, wie vieles, wenn es einmal zur Gewohnheit geworden ist, nicht ständig voll bewußt ist. Wenn Sie z.B. mit dem Auto fahren, so sind alle Ihre Handlungen wie Gas geben, Bremsen, Schalten, Scheinwerfer abblenden etc. automatische Aktionen, die von automatischen Denkprozessen gesteuert werden. Solche automatischen bzw. halbbewußten Denkvorgänge sind auch in Rechnung zu stellen, wenn wir unseren selbstschädigenden, irrationalen Denkmustern „auf die Schliche" kommen wollen:

Wenn Ihnen also am Punkt A (Aktivierendes Ereignis) etwas Unerfreuliches oder Unangenehmes widerfährt und Sie darüber irrationale Gedanken (iB's) haben mit der Folge emotionaler Probleme und selbstschädigender Handlungen am Punkt C, so sind diese Gedanken Ihnen vielleicht nicht voll bewußt.

Um Ihre selbstschädigenden Gedanken dennoch zu finden und zu überwinden, begeben Sie sich in den Prozeß der Disputation.

D Disputation

Disputieren heißt soviel wie: etwas in Frage stellen oder hinterfragen. Dabei geht man wie folgt vor:

Das Hinterfragen selbstschädigender Denkmuster

Grundsätzlich beginnen Sie, indem Sie *annehmen*, daß Ihre intensiven negativen Gefühle durch selbstschädigende Denkmuster verursacht sind und diesen vor allem „Muß-Annahmen" in der Form von „Müßte", „Sollte", „Dürfte nicht" etc. oder Katastrophendenken und abwertendes Denken zugrunde liegen.

Strategie – Fühlen Sie sich z.B. depressiv, nachdem Sie jemand zurückgewiesen hat, so fragen Sie sich:
Welches „Muß", „Soll", „Darf nicht" habe ich gedacht, um mich depressiv zu machen?
Welche maßlose Übertreibung (z.B. Katastrophisieren) kann ich finden?
Werte ich mich insgesamt als Person ab?

In der Regel werden Sie dann sehr schnell die selbstschädigenden Denkmuster entdecken:

„Dieser Mensch *muß* mich mögen – wenn nicht, ist es *furchtbar*, ich kann es *nicht ertragen*, ich bin eine *wertlose Person*!"

Wenn Sie sich also ängstlich oder deprimiert fühlen, wütend sind oder unter Schuldgefühlen leiden, finden Sie zuerst die selbstschädigenden Gedanken heraus, die zu diesen emotionalen Störungen führen.

Wie können Sie nun Ihre Gefühle verändern? Indem Sie zur Disputation übergehen und Ihre selbstschädigenden Denkgewohnheiten energisch disputieren.

Leitsatz —

Disputieren bedeutet:
✓ in Frage stellen,
✓ hinterfragen,
✓ überprüfen.

Das ist nichts anderes als die allgemeine wissenschaftliche Methode des Überprüfens von Hypothesen.

Die wissenschaftliche Methode auf emotionale Probleme anwenden

Wenn z.B. bei einem bestimmten Krankheitssymptom eine Hypothese oder Theorie entwickelt wird, wonach die Krankheit durch ein bestimmtes Verfahren geheilt werden könne, so gilt es, diese Theorie oder Hypothese auf ihre Richtigkeit zu überprüfen.
Als im Mittelalter die Pestseuche fast ein Drittel der Menschheit dahinraffte, gab es die Hypothese, daß Wärme vor der Pest schütze. In Avignon, wo die Pest besonders wütete, ordnete der päpstliche Leibarzt, Guy de Chauliac, an, daß Papst Klemens VI., selbst ein Mann der Wissenschaft, auch in der Hitze des sommerlichen Avignon zwischen zwei großen Feuern zu sitzen habe. Der Führer der Christenheit wurde so tatsächlich vor Ansteckung bewahrt und erkrankte nicht. Allerdings – wie wir heute annehmen – nicht wegen der Wärme an sich, sondern weil er kaum noch Kontakt mit anderen Menschen hatte und vor allem die Flöhe seine Nähe mieden, die die Pesterreger übertrugen.

Um die Richtigkeit einer Idee oder Theorie zu überprüfen, fragt die Wissenschaft:

Strategie —

Wo ist der *Beweis* dafür, daß diese Idee oder Theorie richtig ist?

Strategie

Welche *Daten* liegen der Theorie zugrunde?
Erklärt die Theorie die beobachteten Fakten am besten?

Genau das meinen wir mit Hinterfragen und Anzweifeln. Wir wollen uns das an einem weiteren *Beispiel* verdeutlichen:

Zunächst führt die ABC-Analyse zu der selbstschädigenden Ideologie:

Sie begegnen am Punkt A einem Aktivierenden Ereignis, das Ihren Grundzielen zuwiderläuft:

Sie wollten z.B. bei einer wichtigen Aufgabe Erfolg haben, was Ihnen aber mißlang, und Sie erfuhren von einer Ihnen bedeutsamen Person eine Abfuhr. Als vernünftige Annahme am Punkt B sagten Sie sich:

„Ich *wünschte* mir, bei dieser Aufgabe Erfolg zu haben und Anerkennung durch die mir wichtige Person zu gewinnen; nun habe ich das nicht erreicht. Wie schade! Ich bin also ein Mensch, dem es nicht gelang, zu schaffen, was er gerne geschafft hätte; das ist *nachteilig*!"

Am Punkt C fühlen Sie sich frustriert und enttäuscht.

Am Punkt B hatten Sie aber *zusätzlich* noch folgende selbstschädigende Gedanken:

„Ich *muß* bei dieser Aufgabe Erfolg haben und die Anerkennung dieser für mich wichtigen Person gewinnen; daß ich das nicht erreicht habe, was ich unbedingt erreichen *muß*, ist *schrecklich*! Das *ertrage ich nicht*! Ich bin *eine Null*, weil ich mich so unfähig erwiesen habe!" Also fühlen Sie sich am Punkt C panisch und deprimiert.

Sodann wird dieser selbstschädigende Gedanken disputiert, d.h. hinterfragt:

Disputationsfrage – **„*Wo ist der Beweis*, daß ich bei dieser Aufgabe Erfolg haben und die Anerkennung dieser für mich bedeutsamen Person gewinnen *muß*?"**

Die philosophisch-psychotherapeutische Antwort lautet:

„Es gibt keinen Beweis für diese Muß-Annahmen! Würde es nämlich tatsächlich ein Gesetz im Universum geben, das besagte, daß ich Erfolg haben und Anerkennung gewinnen *muß*, dann wäre es auch zweifelsohne erfolgreich gelaufen und ich hätte es geschafft. Nachdem es aber nicht geklappt hat, zeigt dies gerade, daß ein solches Gesetz im Universum nicht existiert, also die Muß-Annahme unsinnig ist. Ich nehme also besser nicht einen solchen Standpunkt ein!"

„Natürlich wäre *es schöner gewesen*, wenn ich prima gearbeitet und Anerkennung gewonnen hätte, weil ich dann mehr von dem erhalten hätte, was meinen Zielen entspricht. Aber aus der Tatsache, daß ich etwas *bevorzuge*, folgt nicht, daß dies so kommen *muß*! Das Gesetz 'Weil ich etwas *wünsche*, *muß* ich es erreichen' ist nur mein persönliches Gesetz. Soweit wir wissen, richtet sich das Universum aber nicht nach meinen persönlichen Regeln."

Disputationsfrage – **„Inwiefern ist es *schrecklich*, wenn ich bei einer wichtigen Aufgabe erfolglos bleibe und keine Anerkennung durch die mir wichtige Person erhalte?"**

Antwort:

„Es ist ganz und gar nicht *schrecklich*! Es ist sicherlich schlecht, schädlich und unangenehm für mich, wenn die Dinge so negativ laufen – ich bekomme weniger von dem, was ich mir wünsche. Aber wenn ich etwas als *schrecklich* (oder *fürchterlich* oder *entsetzlich*) bezeichne, dann meine ich in Wirklichkeit damit, daß die Dinge *mehr als schlecht* sind. Das aber ist eine unsinnige Übertreibung.

Wenn „Mißerfolg“ heißen soll, daß ich irgendwie nicht optimal, sondern fehlerhaft gehandelt habe und wenn ich das als *schrecklich* bezeichne, dann meine ich damit nicht nur,

1. daß mein Handeln falsch und daher schlecht war, sondern auch,
2. daß es *schrecklich* ist, *weil* es schlecht ist.

Die erste Feststellung ist wahr. Mein *Katastrophisieren* über diese Wahrheit allerdings bedeutet wieder nichts anderes als daß ich behaupte, Unglück *darf nicht* existieren; wenn doch, so sei es eine *Katastrophe*. Aber wenn es Unglück gibt, so gibt es Unglück! Und weil es mir gerade jetzt widerfährt, so *darf* es in Wirklichkeit existieren – in dem Sinne, als daß dies der Lauf der Welt zu diesem Zeitpunkt nun einmal ist. *Katastrophisieren* über Dinge, die sich ereigneten oder ereignen könnten, verneint die Wirklichkeit. Besser ich akzeptiere die Realität – ob ich sie mag oder nicht!“

Weiter:

„Wenn ich Mißerfolg oder fehlende Wertschätzung als *Katastrophe* ansehe, so meine ich damit in Wirklichkeit, daß mein Mißgeschick nicht nur schlecht ist, sondern in gewisser Weise *vollkommen* schlecht, 100% schlecht. Das aber ist sehr unwahrscheinlich! Wäre mein Mißgeschick 100% schlecht, würden sich *ausschließlich* schlechte Konsequenzen *für immer* daraus ergeben. Keinerlei positive Konsequenzen könnten die Folge sein.

Tatsächlich aber besteht eine gute Chance, daß sich aus meinem Mißgeschick auch positive Dinge entwickeln: ich könnte daraus lernen und es das nächste Mal besser machen[23]. Wenn mich manche Menschen angesichts meiner Fehler zurückweisen, so kann ich dies als Herausforderung verstehen, mir ihre Wertschätzung dennoch wieder zu erobern. Oder ich könnte neue

---

[23] Biologen sprechen im Zusammenhang mit der Evolution der Arten von „Fehlerfreudigkeit“: Es steht fest, daß wir Menschen als Gattung Homo sapiens so nicht existieren würden, wenn wir keine Fehler machten.

Leute kennenlernen, die mich mögen. Oder ich könnte lernen, mich auch dann zu akzeptieren und zu schätzen, selbst wenn andere dies nicht tun. Also war mein Mißgeschick wahrscheinlich nur zu 80% oder 90% negativ, kaum jedoch *total* negativ."

Weitere Argumentation:

„Wenn eine Sache 100% unangenehm ist, so könnte sie nicht unangenehmer sein. Aber wie unangenehm ein Fehlschlag oder eine Ablehnung auch sein mögen, es könnte natürlich noch unangenehmer kommen. Erlitte ich etwa 100 Fehlschläge nacheinander – ich könnte auch 200 oder mehr Fehlschläge erleiden.

Wenn mich fünf Bekannte wegen einer Fehlhandlung ablehnten – es könnten mich 20 Freunde ablehnen. Egal was mir auch immer passiert – es könnte noch schlimmer ausgehen:

Leitsatz — **Sprichwort: „Ich sah einen Mann, der weinte, weil er keine Schuhe mehr hatte – bis er einen Mann sah, der keine Füße mehr hatte."**

Also: es mag theoretisch möglich sein, daß ich ein Ereignis zutreffend als total (100%) schlecht ansehe, in der Wirklichkeit sind aber nur Annäherungen von Bedeutung.
Wäre ein Mißerfolg oder eine Zurückweisung 100% schlecht für mich, so hieße das:

- daß ich buchstäblich aufgrund dieser Erfahrung sterben würde

oder

- daß ich keine Zufriedenheit für den Rest meines Lebens erlangen könnte.

Es ist aber höchst unwahrscheinlich, daß ein Mißerfolg oder eine Zurückweisung mich tötet und es ist noch unwahrscheinlicher, daß mich ein Fehlschlag oder eine Abweisung *jetzt* jeder Zufriedenheit *für alle Zeiten* beraubt."

„Wenn ich ganz ehrlich zu mir bin, bedeutet meine Idee, ein Fehlschlag oder eine Zurückweisung sei *furchtbar*, sogar mehr:

nämlich daß die Zurückweisung bzw. der Fehlschlag *mehr* als schlecht seien, mindestens 101% schlecht. Aber wie kann etwas mehr als schlecht sein? Das ist offensichtlich unmöglich! Besser also realistisch zu denken und bei der Wahrheit zu bleiben: es ist sicher unerfreulich, von einer mir wichtigen Person abgelehnt zu werden und daher *nicht wünschenswert*, aber nicht *mehr* als nicht wünschenswert (= *furchtbar*)!"

Disputationsfrage – **„Wo ist der Beweis, daß es *unerträglich* ist, einen Fehlschlag zu erleiden oder abgelehnt zu werden?"**

Antwort:

Das ist eine offensichtlich falsche Annahme. Würde es tatsächlich *unerträglich* sein, so müßte ich buchstäblich sterben. Aber ich bin noch immer am Leben und in der Lage, hilfreich und vernünftig oder selbstschädigend über dieses Ereignis nachzudenken.

Schlußfolgerung:

Ich kann ganz eindeutig aushalten, was ich nicht mag: Mißerfolge, Zurückweisungen etc. Ich werde so etwas *niemals mögen, aber ertragen* können. Dabei steigen meine Chancen, später doch noch Erfolg zu haben und Wertschätzung zu gewinnen.

Disputationsfrage – **„Wieso bin ich *eine Null*, eine *minderwertige Person*, wenn ich einen Fehler gemacht habe bzw. nicht anerkannt werde?"**

Antwort:

Ich bin nicht das gleiche wie meine *Handlungen*! Deshalb können mich auch falsche oder schlechte *Handlungen* nicht zu einer schlechten *Person* machen. Meine Handlungen, mein Verhalten, meine schlechten wie guten Seiten sind nur Teilaspekte von mir; sie repräsentieren *nicht* mein *ganzes Wesen*, vgl. die Abb. 5

Während eines Lebens handeln wir buchstäblich millionenfach: manche Handlungen sind gut, manche schlecht. Zum Beispiel spiele ich heute gut Schach, morgen miserabel. Heute bewundern meine Schüler meine Fähigkeit, zu unterrichten, morgen finden sie meinen Vortrag langweilig und halten mich für einen schlechten Lehrer.

Fast alles, was wir tun, kann zum einen Zeitpunkt hoch bewertet werden (durch mich oder andere) und zu einem anderen Zeitpunkt niedrig. Was ich „ICH" oder „meine Person" nenne, besteht in Wirklichkeit aus unzähligen Aktionen, die sich kaum gleichen und stetig ändern. Wie kann ich dann das gleiche sein wie meine *Handlungen*?

Die Person besteht aus vielen Verhaltensweisen und Persönlickeitsmerkmalen

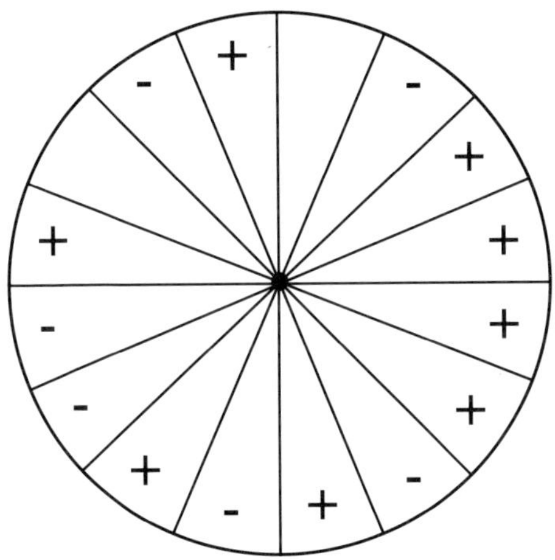

Abb.5: Zum Wertproblem des Menschen

Das, was wir „ICH" nennen, ist ein fortwährender, ständiger Änderung unterliegender *Prozeß*. Die Ergebnisse, die dieses „ICH" hinterläßt, sozusagen der out-put des Prozesses, können wahrscheinlich in der einen oder anderen Weise bewertet bzw. gemessen werden – zumindest in bezug auf meine Ziele und Wertvorstellungen. Will ich einen Beruf ausüben, der eine akademische Ausbildung voraussetzt, so ist es gut, wenn ich studiere und gute Leistungen erbringe und es ist schlecht, wenn ich schlechte Leistungen vorweise – in bezug auf *mein Ziel*!

Dagegen kann ich mein „ICH“ nicht pauschal als schlecht oder gut einstufen: ich bin kein unveränderlicher Zustand, sondern ändere mich ständig. Der Mensch ist ein *Prozeß* mit Vergangenheit, Gegenwart und Zukunft; er kann also nicht ein für alle Mal auf einen (guten oder schlechten) Zustand festgelegt werden.

Weiter:

Sich als *Null*, als *wertlose Person* einzustufen, würde logischerweise bedeuten, daß ich in meinem Wesenskern wertlos bin. Daß es aber überhaupt einen *Wesenskern* gibt, ist kaum beweisbar. Dann müßte ich ja *immer* und *ausschließlich* wertlos handeln. Ich dürfte aufgrund meines minderwertigen Wesenskerns niemals erfolgreich sein und wäre total verdammenswert. Deshalb müßte mich jeder vernünftige Mensch mißachten und bestrafen. Alles unbeweisbare Annahmen!

Schließlich:

Wenn ich mich als *Null* einstufe, weil ich schlecht gehandelt habe, wie sollte mir diese Sicht helfen, mein Handeln zu korrigieren und es in Zukunft besser zu machen?

Das Gegenteil ist wahrscheinlicher: je mehr ich mich als *schlechte Person* sehe, desto eher wird sich diese Sicht im Sinne einer sich selbst erfüllenden Prophezeiung negativ auswirken. Die Alternative lautet:

Ich bin weder eine *gute* noch eine *schlechte Person*, weder ein *wertvoller* noch ein *wertloser Mensch*, sondern ein menschliches Wesen, das manchmal fehlt und die Möglichkeit hat, sich in Zukunft besser zu verhalten. Diese Sichtweise hilft uns, erfolgreicher zu handeln und eher Anerkennung zu gewinnen.“

Das sind die Grundlinien der Station D, des Disputierens irrationaler, selbstschädigender Denkgewohnheiten.

Übung 6: Disputieren lernen

Üben Sie nun im Folgenden Ihre Fähigkeiten, selbstschädigende Denkgewohnheiten energisch zu hinterfragen. Beschreiben Sie in Spalte 1 kurz die Situation, die Ihr selbstschädigendes Denkmuster auf den Plan rief.
In Spalte 2 vermerken Sie jede Art, Abart und Unterart selbstschädigender Ideen, die Ihnen durch den Kopf gingen.
In Spalte 3 fassen Sie Ihre neuen rationalen Gegenargumente zusammen, die Sie benutzt haben bzw. gerne benutzen würden, um die spezielle selbstschädigende Einstellung zu hinterfragen. Aus Raumgründen kann diese Übungsvorlage nicht über mehrere Seiten gedruckt werden. Kopieren Sie nach Bedarf weitere Seiten.

1. *Die Situation*	***2.*** *Mein selbstschädigendes Denkmuster*	***3.*** *Meine Gegenargumente*
______	______	______
______	______	______
______	______	______
______	______	______
______	______	______
______	______	______
______	______	______
______	______	______
______	______	______
______	______	______
______	______	______

Als Ergebnis (E) können Sie Ihre grundlegende Lebensphilosophie und Ihre emotionalen und verhaltensmäßigen Effekte (E) ändern. Sie könnten also am Punkt E zu einer neuen Einstellung den Dingen gegenüber gelangen.

E **Effekt**

Eine neue Lebensphilosophie

Sie könnten Ihre neue Lebensphilosophie wie folgt formulieren: „Bei dieser Aufgabe, in dieser Situation habe ich einen großen Fehler gemacht und mir dadurch die Mißachtung anderer Menschen eingehandelt.

Da ich ein Mensch bin und als solcher fehlerhaft, werde ich unvermeidlich auch in Zukunft noch Fehler machen und von anderen dafür getadelt werden.

Wie unangenehm und bedauerlich! Aber so ist es nun einmal! Ich bin eben kein unfehlbarer Engel! Ich mag das bedauern, aber es ist vielleicht der einzige Wesenskern eines jeden Menschen: die Möglichkeit, sich zu irren und Fehler zu machen; denn ohne die Möglichkeit, zu irren, könnte sich kein Lebewesen weiterentwikkeln und es gäbe gar keine Menschen[24]. So ist das Leben im wahrsten Sinne des Wortes!

Ist es möglich, unter dieser Voraussetzung weiterzuleben und zufrieden zu leben?

Ja! Indem ich die Wirklichkeit akzeptiere wie sie ist und versuche, in Zukunft ein paar Fehler weniger zu machen und etwas mehr Anerkennung zu gewinnen!"

---

[24] vgl. Anm. 23 und hierzu Riedl, Rupert. 1988. Biologie der Erkenntnis. Die stammesgeschichtlichen Grundlagen der Vernunft.

Mit dieser neuen Lebensphilosophie können Sie am Punkt E (=emotionale und verhaltensmäßige Effekte Ihres Umdenkens) Ihre *Gefühle der Depression und Angst in Gefühle der Enttäuschung und Besorgnis umwandeln* und in der Folge Ihre Verhaltensweisen mehr in Einklang mit Ihren Zielen bringen.

Zusammenfassung

Die A-B-C-D-E-Sequenz der REVT

A ktivierendes Ereignis

B eliefs

C onsequenzen

D isputation

E rgebnis

VORSICHT! Vernünftiges Denken ist nicht „Positives Denken"

Die Methode des positiven Denkens ist ein altbekanntes Verfahren, das zur Zeit in unterschiedlichen, zum Teil religiös und esoterisch gefärbten Varianten auf dem Psycho-Markt eine stürmische Wiedergeburt feiert. Wir finden die Wurzeln des positiven Denkens in der Lehre des Philosophen *Ralph W.Emerson* (1803-1882), auf den sich die amerikanische „Positive Thinking"-Bewegung mit ihren derzeit populärsten Vertretern *Joseph Murphy* und *Norman Vincent Peale* stützen. Murphy's Glaubens- und Lebensphilosophie hat in Deutschland der Heilpraktiker *Erhard Freitag* übernommen und erfolgreich vermarktet. Eine noch weiter zurückreichende Richtung gründet sich auf die Autosuggestionslehre von *Emil Coue* (1857-1926), der von Albert Ellis mehrfach als Vorläufer einer kognitiven Psychotherapie erwähnt wird.

Auch die REVT wird manchmal fälschlicherweise als eine Form positiven Denkens angesehen oder zumindest nicht genügend abgegrenzt. Die entscheidende Differenz zwischen Rational-Emotiver Verhaltenstherapie und positivem Denken besteht darin, daß die REVT zwischen rationalen und irrationalen Gedanken unterscheidet, wohingegen die Vertreter des positiven Denkens auf negative und positive Gedanken abstellen:

Negative Gedanken sollen in positive Gedanken geändert werden oder zumindest kontrolliert werden, so der amerikanische Sportpsychologe Richard M.Suinn[25].

Oder bewußte positive Autosuggestionen („Es geht mir jeden Tag in jeder Hinsicht immer besser und besser", „Alles wird besser und besser, alles wird gut", „Nur guter Mut, alles wird gut" etc.) sollen die unbewußten negativen Autosuggestionen überwinden[26].

Es ist nicht zu bestreiten, daß solch positives Denken dazu führen kann, daß sich Menschen tatsächlich für einige Zeit besser fühlen bzw. mehr Leistung erbringen können.

Spitzensportler zum Beispiel wenden ähnliche mentale Techniken an („Supertraining").

Es ist jedoch Vorsicht geboten bei der Anwendung von perfektionistischen Autosuggestionen wie den oben zitierten, da sie auf lange Sicht nicht funktionieren können und zu Desillusionierung führen müssen. Dies liegt an ihrem perfektionistischen und unrealistischen Gehalt: die Welt wird nicht geradlinig immer besser und besser!

Der Nachteil des positiven Denkens besteht also in dem zu erwartenden negativen Bumerang-Effekt und nicht zuletzt darin, daß es Menschen oft von wirklich effektiver Psychotherapie abhält.

---

[25] Suinn, Richard M. 1986. Seven Steps to Peak Performance (The Mental Training Manual for Athletes). Zitiert nach: Stemme, F./Reinhardt, K.-W. 1988. Supertraining. Mit mentalen Techniken zur Spitzenleistung.

[26] So die „Selbstmeisterungsmethode" nach Coue. Vgl. Rauch, E. 1987. Autosuggestion und Heilung. Die innere Selbst-Mithilfe.

4. Die Praxis der Selbstveränderung

In der Rational-Emotiven Verhaltenstherapie setzen wir eine ganze Reihe von speziellen Veränderungstechniken ein. Diese lassen sich in drei Bereiche einteilen:

Übersicht -
Gedankliche Methoden
Gefühlsmethoden
Verhaltensmethoden

4.1 Gedankenmethoden der Selbstveränderung

Zwei wesentliche Methoden sind die sogenannte Rationale Selbstanalyse (RSA) und das Disputieren selbstschädigender Ideen (DSI).

Die Rationale Selbstanalyse (RSA)

Rationale Selbstanalysen[27] werden in der REVT häufig als sogenannte „Hausaufgaben" mit dem Klienten nach einer Therapiesitzung vereinbart. Sehr hilfreich hierbei sind Selbsthilfeformulare, die dem Klienten mitgegeben werden. Im Anhang finden Sie Selbsthilfeformulare abgedruckt, wie sie am Deutschen Institut für Rational-Emotive und Kognitive Verhaltenstherapie (DIREKT) e.V. in Würzburg verwendet werden.

Wenn Sie unter Gefühlen der Depression, Angst, Wut oder Schuldgefühlen leiden, so hilft es nachhaltig, sich mehrmals in der Woche für eine kurze Zeit in Ruhe hinzusetzen und das Selbsthilfeformular ehrlich auszufüllen. Für jeden äußeren Anlaß (= jedes Aktivierende Ereignis) und jedes belastende Gefühl (= C) verwenden Sie ein eigenes Selbsthilfeformular.

[27] Eine ausführliche Darstellung der Vorgehensweise bei der Rationalen Selbstanalyse habe ich in meinem Buch „Gefühle erkennen und positiv beeinflussen" gegeben.

Nehmen Sie z.B. an, Sie hatten

1) Ihrem Partner eine dringliche Bitte abgeschlagen
2) Ihr Arbeitspensum nicht absolviert und reagierten in beiden-Fällen mit massiven Schuldgefühlen und wurden
3) zusätzlich sehr depressiv.

In diesem Beisiel würden Sie drei Selbsthilfeformulare ausfüllen und bearbeiten[28].

Auf diese Weise wird es möglich sein, in verhältnismäßig kurzer Zeit die grundlegende selbstschädigende Lebensphilosophie zu erkennen und aktiv in Frage zu stellen (= D). Als Effekt (= E) entwickeln Sie eine vernünftige Einstellung und fühlen sich besser.

Eigenaktivität

Übung 7: Die Rationale Selbstanalyse

Bearbeiten Sie jetzt ein aktuelles Gefühls- und/oder Verhaltensproblem aus letzter Zeit, indem Sie das Selbsthilfeformular aus dem Anhang benutzen.

Das Disputieren selbstschädigender Ideen (DSI)

Diese strukturierte Selbsthilfetechnik kann helfen, das Potential an rationalen Überzeugungen zu erhöhen und selbstschädigende Ideen abzubauen.

Stellen Sie sich täglich (mindestens 10 Minuten) die unten aufgeführten Fragen und durchdenken Sie diese gründlich. Am besten Sie schreiben jede Frage und Ihre Antwort auf ein Blatt Papier!

[28] Ein Beispiel für ein ausgefülltes Selbsthilfe-Formular findet sich im Anhang.

Der Fragenkatalog von DSI

(mit beispielhaften Antworten)

1. Welche selbstschädigende Idee möchte ich hinterfragen und überwinden?

Antwortbeispiel: Ich *muß* von jemandem (hier evtl. Person benennen), den ich wirklich mag, geliebt werden.

2. Ist eine solche Idee in bezug auf Rationalität haltbar?

Antwortbeispiel: Nein.

3. Welche Beweise existieren dafür, daß diese Idee falsch ist?

Antwortbeispiel: Es gibt viele Anzeichen dafür, daß es falsch ist, zu glauben, daß ich von jemandem geliebt werden *muß*, den ich mag.

a) Es existiert im Universum kein Gesetz, das besagt, daß mich jemand lieben *muß*, der mir etwas bedeutet (wenngleich ich es schön fände, wenn dieser Mensch mich lieben würde!)

b) Wenn mich eine bestimmte Person nicht liebt, so kann ich doch von anderen Menschen Zuneigung erhalten und auf diese Weise glücklich werden.

c) Auch wenn mich keiner von den Menschen, die mir etwas bedeuten, jemals lieben würde, kann ich dennoch Zufriedenheit durch Freundschaften, bei meiner Arbeit, bei Freizeitaktivitäten etc. finden.

d) Wenn mich jemand, für den ich eine tiefe Zuneigung empfinde, zurückweist, so ist das ein ziemliches Unglück; aber ich werde daran nicht zugrundegehen!

e) Auch wenn ich in meinem ganzen bisherigen Leben noch keine große Zuneigung erhalten habe, so kann ich daraus nicht den Anspruch ableiten, daß ich jetzt endlich einmal geliebt werden *muß*.

f) Auch wenn ich in meinem bisherigen Leben nicht sehr geliebt wurde, beweist das nicht, daß ich auch in Zukunft nicht geliebt werden kann.

g) Für kein absolutistisches MUSS existiert irgendein Anschein eines Beweises. Folgerichtig existiert auch kein Beweis dafür, daß ich *irgendetwas* bekommen *muß*, einschließlich Liebe und Zuneigung.

h) Es scheint durchaus viele Menschen zu geben, die niemals die Art von Liebe bekamen, die sie sich wünschten – die aber doch relativ glücklich leben.

i) Es gab Zeiten in meinem Leben, in denen ich auch ohne große Liebe relativ glücklich war; also kann ich wahrscheinlich auch jetzt und in Zukunft ohne große Liebe wieder relativ zufrieden sein.

j) Wenn ich von jemandem zurückgewiesen werde, den ich mag, so kann das darauf zurückzuführen sein, daß ich einige wenig angenehme Verhaltensweisen und/oder Eigenschaften besitze. Aber das bedeutet nicht, daß ich *insgesamt* als *in keiner Weise* liebenswerte, *wertlose Person* zu gelten habe.

k) Selbst wenn meine Verhaltensweisen und/oder Eigenschaften überhaupt nicht liebenswert wären, so muß ich mich dennoch nicht selbst als unliebenswertes, minderwertiges Individuum ansehen.

4) Gibt es umgekehrt irgendwelche Beweise dafür, daß meine Idee wahr ist?

Antwortbeispiel:

Nein, in Wahrheit nicht!
Eine gewisse Evidenz gibt es allenfalls *dafür*: wenn ich jemanden sehr liebe, aber nicht „zurückgeliebt" werde, so

bringt dies Frustrationen, Unannehmlichkeiten, Verlust von positiven Gefühlen etc. mit sich.

Daher ist es sicherlich *vorzuziehen*, nicht zurückgewiesen zu werden. Aber keine Frustrationsmenge kann sich zu *Horror*, zur *Katastrophe* aufhäufen. Ich kann nach wie vor Frustrationen und Einsamkeit *aushalten*. Sie machen die Welt nicht *schrecklich*. Auch macht mich Zurückweisung nicht zum *minderwertigen Individuum*.

Also gibt es eindeutig keinen Beweis dafür, daß ich von jemandem geliebt werden *muß*.

5) Was könnte mir *im schlimmsten Fall* wirklich passieren, wenn die Dinge sich nicht so entwickelten wie ich glaube, daß sie sich entwickeln *müßten* (oder umgekehrt sich so entwickelten, wie sie es meiner Meinung nach nicht *sollten*)?

Antwortbeispiel:

a) Es würden mir verschiedene Freuden und Annehmlichkeiten entgehen.

b) Es könnte beschwerlich sein, sich nach neuer Liebe umzuschauen.

c) Ich könnte niemals die Liebe erhalten, die ich gerne hätte: die angenehmen Seiten einer tiefen Liebesbeziehung würde mir dann fehlen. Wie enttäuschend!

d) Andere Menschen könnten mich herabwürdigen und mich für eine wertlose Person halten, weil ich zurückgewiesen worden bin. Das kann unerfreulich und verdrießlich sein.

e) Ich könnte die meiste Zeit allein sein: das wäre sehr unerfreulich.

f) Es könnten noch viele andere Schwierigkeiten und Mißlichkeiten mein Leben überschatten – aber nichts davon muß ich als *schrecklich, entsetzlich, furchtbar, untragbar* ansehen.

6) Was könnte ich Positives tun, auch wenn ich nicht erhielte, was ich glaube erhalten zu *müssen* (bzw. mir zustieße, was mir angeblich nicht zustoßen *dürfte*)?

Antwortbeispiel:

a) Wenn der geliebte Mensch meine Liebe nicht erwidert, so könnte ich meine Anstrengungen erhöhen, um die Zuwendung von jemand anderem zu gewinnen – vielleicht sogar jemanden finden, der besser zu mir paßt.

b) Ich könnte mich anderen erfreulichen Aktivitäten widmen, die nichts oder wenig mit Liebesbeziehungen zu tun haben, z.B. kreativen, künstlerischen Tätigkeiten oder interessanten beruflichen Aufgaben.

c) Es könnte eine ausgesprochen spannende und befriedigende Aufgabe sein, sich den Weg zu erarbeiten, wie man relativ zufrieden und glücklich ohne Liebesbeziehung leben kann.

d) Ich könnte eine Lebensphilosophie entwickeln, mit der ich mich als Mensch voll akzeptiere, auch ohne die Liebe und Zuwendung zu erhalten, nach der ich mich jetzt sehne.

Ähnlich wie in unserem Beispiel können Sie mit der DSI-Technik alle selbstschädigenden, irrationalen Ideen – Ihre verborgenen „SOLLTE“, „MÜSSTE“, „DÜRFTE-NICHT“ etc. – anzweifeln.

Um sicherzugehen, daß Sie dies auch wirklich mindestens 10 Minuten täglich für einige Wochen lang tun (=die mindeste Zeitspanne, die Sie in der Regel für eine wirksame Veränderung brauchen), können Sie auf Methoden des Selbstmanagements oder des sogenannten operanten Konditionierens zurückgreifen[29].

[29] am Ende dieses Abschnitts

Eigenaktivität

Übung 8: Das Disputieren selbstschädigender Ideen (DSI)

1. *Welche selbstschädigende Idee möchte ich infragestellen und überwinden?*

2. *Ist eine solche Idee in bezug auf Rationalität haltbar?*

3. *Welche Beweise existieren dafür, daß dieser Glaube falsch ist?*

4. *Gibt es umgekehrt irgendwelche Beweise dafür, daß meine Idee wahr ist?*

5. *Was könnte mir im schlimmsten Fall wirklich passieren, wenn die Dinge sich nicht so entwickelten wie ich glaube, daß sie sich entwickeln müßten (oder umgekehrt sich so entwickelten, wie sie es meiner Meinung nach nicht sollten)?*

____

____

____

____

6. *Was könnte ich positives tun, auch wenn ich nicht erhielte, was ich glaube erhalten zu müssen (bzw. mir zustieße, was mir angeblich nich zustoßen dürfte)?*

____

____

____

____

Der hilfreiche „Innere Dialog"

Ein wichtiger Aspekt des Disputationsprozesses besteht darin, sich von

1. dem selbstschädigenden Charakter

und

2. der Unbeweisbarkeit seiner selbstschädigenden Denkmuster zu überzeugen.

Mit anderen Worten: die Idee, man *müsse* von jemandem geliebt werden, führt erstens nicht zwingend dazu, daß man diese Liebe erhält, sondern (und zwar sehr wahrscheinlich) zu Gefühlen der Depression, Wut, Panik etc. Die Idee hat selbstschädigenden Charakter. Und zweitens entbehrt diese Idee der Logik, jeder

Evidenz bzw. jeden Beweises ihrer Richtigkeit, ist nicht an der Wirklichkeit orientiert. Umgekehrt führen rationale Annahmen eher zu einem zufriedenen Leben, weil sie unsere Ziele fördern, den Gesetzen der Logik gehorchen und auf beweisbaren Fakten beruhen.

Hiervon gilt es sich wirklich zu *überzeugen*!

Eine interessante Technik, um diesen Überzeugungsprozeß einzuleiten, stellt der Innere Dialog zwischen seiner vernünftigen und seiner selbstschädigenden Stimme dar.

Nehmen Sie diesen *Dialog mit sich selbst* auf einem Tonband/Kassettengerät auf und überprüfen dann anschließend (oder auch am nächsten Tag), wie weit Sie es bereits beherrschen, Ihre rationale Stimme über Ihre selbstschädigende Stimme im Streitgespräch „siegen“ zu lassen. Manche meiner Klienten haben auf langen Autofahrten diese Technik eingesetzt und mittels eines Diktiergerätes ihren Dialog aufgenommen (und abgehört). Es gelang ihnen so in verhältnismäßig kurzer Zeit, ihrer rationalen Seite zu einem überzeugenden Sieg über ihre selbstschädigende Seite zu verhelfen.

Eigenaktivität

Ubung 9: Dialog mit sich selbst

Üben und überprüfen Sie Ihre Fähigkeit, selbstschädigendes Denken zu überwinden, indem Sie ein Zwiegespräch mit sich führen und aufnehmen. Beginnen Sie mit Ihrer selbstschädigenden Stimme und enden Sie mit Ihrer rationalen Stimme!

Der sprachliche Faktor für das Wohlbefinden

Die Rational-Emotive Verhaltenstherapie mißt dem inneren Selbstgespräch große Bedeutung für das psychische Befinden zu. Die Art und Weise, wie wir (mit uns selbst) sprechen, ist daher einer näheren Betrachtung wert. Wie *Alfred Korzybski* in seinem

Buch „Science and Sanity“ herausstellte, besteht eine enge Beziehung zwischen gestörtem Denken und einem „schludrigen“, unpräzisen Sprachgebrauch. Um die emotionalen Probleme als Folge gestörten, selbstschädigenden Denkens zu verringern, können wir uns einige Aspekte der Allgemeinen Semantik (Bedeutungslehre) zu Nutze machen (vgl. den Infokasten 7 zu „General Semantics“)

Info 7

General Semantics

Alfred Korzybski, der Begründer der „General Semantics“ hatte einen ganz besonders prägenden Einfluss auf Ellis und die wissenschaftliche Ausrichtung der REVT. Die Vertreter der „General Semantics“ untersuchten die Sprachstruktur und deren Bedeutung u.a. für die individuelle Entwicklung des Menschen. Insbesondere wies Korzybski darauf hin, daß eine Tendenz zu Übergeneralisierungen und dogmatisch-absoluten Denk- und Sprachmustern („Keiner mag mich“; „Ich werde das nie können“) oft die Grundlage emotionaler Störungen sein können. Statt globaler Begriffsbildungen und pauschaler Bewertungen von Personen rät Korsybski zu konkreten, spezifizierbaren Einschätzungen der Verhaltensweisen und Merkmale von Menschen. Ganz in diesem Sinne weist Ellis öfter darauf hin, daß er „kein Psychologe *ist*“, sondern ein Mensch, der sich unter anderem mit Psychologie *beschäftigt*. Die unterschiedliche Betrachtungsweise wird auch deutlich in folgendem Beispiel (aus Ellis & Hoellen, 1997): „Schmidt *ist* ein hervorragender Mathematiker“ vs. „Schmidt besitzt einige herausragende mathematische Fähigkeiten“. Die zweite Aussage erscheint konkreter und bildet die Realität zutreffender ab als die erste Aussage, die in ihrer pauschalen Totalität nicht beanspruchen kann, die „Wirklichkeit" abzubilden. Außerdem liegt in der ersten Aussage eine pauschale Bewertung der *Person Schmidt*, obwohl nur die mathematischen *Fähigkeiten* der Person Schmidt bewertet werden könnten.

Beispiele:

Wenn Sie bei sich einen Satz entdecken wie: „Ich *muß* beim Schachspielen gewinnen" so könnten Sie den Satz ändern in: „Es *wäre schön*, beim Schachspielen zu gewinnen; aber wenn ich verliere, dann verliere ich eben!"

Oder Sie sagen: „Ich hasse es, kritisiert zu werden. Das ist *nicht zu ertragen*!"

Ändern Sie den Satz in: „Ich *ziehe es vor*, nicht kritisiert zu werden. Aber ich kann Kritik ertragen!"

Das heißt, Sie beginnen darauf zu achten, daß Sie in Ihrer Sprache anstatt fordernden, absolutistischen, dogmatischen Ausdrükken wie **müssen**, **sollen**, **nicht dürfen** die sprachlichen Entsprechungen für **Wunsch** und **Abneigung** verwenden, z.B. **mögen**, **vorziehen**, **wollen** etc.

Wünschen statt fordern

Präferentielles Denken	Dogmatisches Denken
Ich mag...	Ich muß...
Ich mag nicht...	Es kann nicht sein...
Ich wünsche mir...	Ich brauche unbedingt...
Es wäre schön...	Man schuldet mir...
Es wäre schlecht...	Man darf nicht...
Ich würde gerne...	Ich sollte...
Es wäre vorteilhaft...	Es darf nicht sein...
Es wäre nachteilig...	

Tafel 4: Präferentielles Denken vs. Dogmatisches Denken

Eine andere Kategorie von sprachlichen Verzerrungen stellen Ausdrücke dar, die auf

- **unzulässige Verallgemeinerungen**
- **unrealistisches Schwarz-Weiß-Denken**

hinweisen. Verändern Sie einen Satz wie: „*Immer* geht mir *alles* schief" in den die Wirklichkeit korrekt wiedergebenden Satz: „*Manchmal* oder *häufig* habe ich bei gewissen Dingen Probleme; *alles* (= 100%) läuft sicher nicht vom Zeitpunkt meiner Geburt bis zu meinem Tode (= *immer*) schief."

Oder: „*Keiner* mag mich."

Realistisch: „Die Leute, die ich im Moment kenne, bzw. ein großer Teil von ihnen, scheint mich nicht zu mögen."

Oder: „Ich werde meine Depressionen *nie* loswerden!"

Realistisch: „Es wird einige Zeit nötig sein, um meine Depressionen zu verringern."

Wie wir uns die verborgenen Bedeutungen in unseren Selbstdialogen bewußt machen können, indem wir die Tiefenstruktur von Sätzen aus ihrer Oberflächenstruktur aufdecken, zeigen Bandler/Grinder[30] unter Bezug auf die Transformationsgrammatiker (moderne Semantik). Dazu ist es nur nötig, die Worte und Satzteile in Ihrem Selbstdialog zu identifizieren, die keinen Beziehungsindex haben. Was heißt das?

In dem Satz „Die *Leute* mögen mich nicht" zeigt das Hauptwort „Leute" nicht an, auf wen genau es sich bezieht. Würden wir dem Wort „Leute" ein Indexzeichen geben, das auf eine Anmerkung verweist, so stünde bei dieser Anmerkung – nichts!

In Wirklichkeit hat aber derjenige, der einen solchen Satz benutzt, natürlich seine konkreten Erfahrungen mit „Leuten" (aber eben nicht mit *allen* Menschen) gemacht. Der fehlende Beziehungsindex deckt diese Tatsache zu mit der Folge, daß der Sprecher eine *neue* (sicher falsche) *Wirklichkeit konstruiert* (nämlich

[30] Bandler, R./Grinder, J. 1982. Metasprache und Psychotherapie. Struktur der Magie I.

die „Realität", daß er mit *allen* Menschen schlechte Erfahrungen gemacht habe). Es ist leicht nachfühlbar, wie ein Mensch sich fühlen würde, wenn er von einer solchen Wirklichkeit ausgehen müßte!

Oder nehmen Sie folgende Aussage:
„*Keiner* hört darauf, was ich sage."
Auf wen oder was bezieht sich „keiner"?
Auf wen oder was bezieht sich „was"?

„Keiner" und „was" haben keinen Beziehungsindex, bei der Anmerkung steht nichts geschrieben.

Also sollten wir uns um Erläuterung bemühen, indem wir überlegen, wen wir mit „keiner" und „was" meinen.

Es ist mit ein wenig Übung nicht schwer, seine verzerrten Konstruktionen der Wirklichkeit zu erkennen und zu korrigieren, wenn man in seinen Gedanken/Sätzen auf die fehlenden Bezüge (die „leeren Anmerkungszeichen") achtet. Durch die Fragen

- **Wer genau? Wer konkret?**
- **Was genau? Was konkret?**

lassen sich dann anschließend die fehlenden Beziehungen herstellen. Gehen Sie also so vor:

„Die Leute mögen mich nicht."

Wer genau sind „die Leute"?

Antwort: Meine Familie und meine Arbeitskollegen.

Eigenaktivität

Übung 10: Situationsbeschreibung: Das Denken konkretisieren

Unter Spalte 1 beschreiben Sie die Aktivierende Situation. Unter Spalte 2 korrigieren Sie Ihre Situationsbeschreibung, indem Sie sich fragen: „Wer genau? Was konkret?" bzw. Ihre Situationsbeschreibung nach fehlenden

Beziehungsindices überprüfen und gegebenenfalls ergänzen.

1 *Ungenau beschriebene Situation*	*2* *Meine Konkretisierung*

4.2 Gefühlsmethoden der Selbstveränderung

Die REVT betont zwar die Bedeutung der Gedanken und der Vorstellungen für die Entstehung emotionaler Probleme – wir sagen, sie ist stark *kognitiv orientiert* –, aber sie erkennt auch, daß Menschen *zur gleichen Zeit* denken und fühlen. Wenn wir denken und handeln, fühlen wir. Wenn wir fühlen, denken und handeln wir, vgl. Abb. 6.

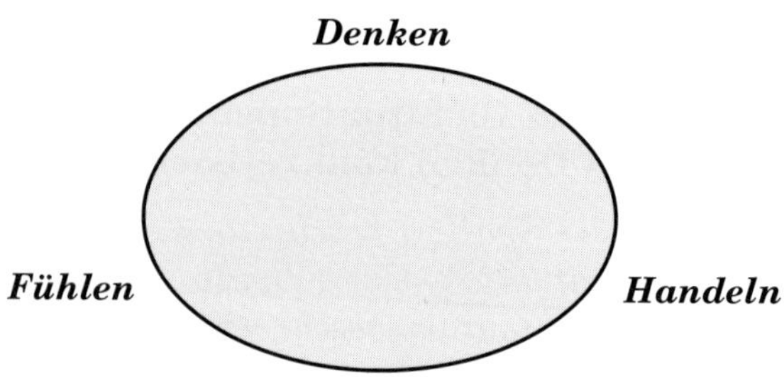

Abb.6: Der Zusammenhang zwischen Denken, Fühlen und Handeln

Es ist wichtig, seine selbstschädigenden Ideen zu hinterfragen und zu verändern, um seine emotionalen Störungen zu verringern. Aber der fast einzige Weg, um auch zu *erleben*, daß Sie die selbstschädigenden Aspekte Ihres Denkens wirksam geändert haben, besteht darin, mit seinen Gefühlen in Kontakt zu kommen und neues Verhalten auszuprobieren. Daher hat die REVT eine Reihe von emotiven Methoden entwickelt, die z.T. auch in anderen Psychotherapien eine Rolle spielen. So etwa in der Gestalttherapie, in sog. Encounter-Gruppen und körperorientierten Therapieschulen. Allerdings betonen diese Verfahren mehr den „reinigenden“ Effekt des Prozesses, der uns in Kontakt mit unseren Gefühlen bringt, bzw. den „reinigenden“ Effekt des Ausdrükkens und Auslebens von Gefühlen. In der REVT meinen wir jedoch, daß Gefühlskontakt oder Gefühlsausdruck für sich alleine noch nicht dazu beitragen, daß unangenehme Emotionen automatisch geringer werden. Erst wenn eine gleichzeitige Veränderung der Emotionen erreicht wird, kann auch eine dauerhafte Besserung des psychischen Befindens eintreten.

Strategie –

Die Rationale Vorstellungsübung
Erleben, wie Gefühle verändert werden können

Eine wichtige emotive Methode ist die sogenannte Rationale Vorstellungsübung. Ich gebe meinen Klienten folgende Anweisung zur Durchführung der Rationalen Vorstellungsübung:

„Konzentrieren Sie sich auf Ihre Gefühle der Angst, Depression, der Wut oder des Minderwertigkeitsgefühls, indem Sie sich *vorstellen*, daß Ihnen am Punkt A (= Auslösendes Ereignis) das Schlimmste passiert. Wenn Sie sich z.B. in bezug auf Ihr Arbeitsleben deprimiert fühlen, so phantasieren Sie vielleicht, wie Sie bei verschiedenen Gelegenheiten in den letzten Jahren große Fehler gemacht haben, wie Sie von Ihren jeweiligen Vorgesetzten dafür scharf kritisiert wurden und wie Sie deshalb mehrere Jobs verloren. Wenn Sie sich das intensiv vorstellen (am Punkt A), so werden Sie sich vielleicht ziemlich deprimiert fühlen (am Punkt C, der emotionalen Consequenz Ihrer Einstellungen am Punkt B). Bleiben Sie ruhig ein bis zwei Minuten mit diesem Gefühl in Kontakt. Dann aber tun Sie folgendes: Sie stellen sich weiter vor, wie Sie Mißerfolg im Arbeitsleben haben (exakt in der gleichen Weise wie zuvor!), verändern jedoch Ihr Gefühl dahingehend, daß Sie sich *nur noch enttäuscht* fühlen über Ihre Vorstellung.

Nicht jedoch deprimiert oder panisch – nur enttäuscht oder ein Gefühl des Bedauerns. Wenn Sie glauben, Sie könnten Ihr Gefühl auf diese Weise nicht ändern, so liegen Sie falsch. Versuchen Sie es! Geben Sie nicht auf! Arbeiten Sie an der Veränderung so lange weiter bis Sie wenigstens für einige Sekunden Ihr neues emotionales Ziel der Enttäuschung erlebt haben! Sie können es!"

Wenn der Klient das schließlich erreicht hat, so frage ich:

„Was haben Sie geändert, daß Sie sich nur noch *enttäuscht* fühlen und nicht mehr *deprimiert*?"

Meist wird dann festgestellt, daß gedankliche Veränderungen vorgenommen wurden. Der Klient hat sich z.B. gesagt:

„Es ist sicher nicht *angenehm*, so viele Fehler zu machen und den Job zu verlieren. Aber das bedeutet nicht, daß es immer so laufen *muß*. Es gibt keinen Grund, warum ich in Zukunft nicht lernen könnte, weniger Fehler zu machen."

Oder er sagte sich:

„Ich scheine nicht sehr geeignet zu sein für einen solchen Beruf. Vielleicht liegt mir eine solche Arbeit nicht und ich könnte mich nach anderer Arbeit umsehen. Kein Grund zur Verzweiflung!"

Sie könnten sich auch gesagt haben:

„Ich schätze, daß ich nicht gerade ein Arbeitspferd bin und ich mag eine solche Arbeit auch gar nicht. Aber egal, im Moment kann ich meinen Lebensunterhalt nicht anders verdienen, also bleibe ich dabei und versuche, es in Zukunft etwas besser zu machen. Inzwischen schaue ich mich um, ob andere Möglichkeiten für mich bestehen."

So oder ähnlich können Sie eine neue Philosophie entwickeln, die Ihnen zu angemessenen Emotionen verhilft. Praktizieren Sie die Vorstellungsübung an *mindestens* 30 Tagen ca.fünf Minuten täglich. Nach einiger Zeit werden Sie entdecken, daß Sie sich automatisch *angemessen enttäuscht*, aber nicht mehr *unangemessen deprimiert* fühlen werden. Sogar dann, wenn Sie wirklich eine Arbeitsstelle verlieren sollten oder irgendein anderes unglückliches Ereignis eintritt!

Ich selbst habe eine spielerische Form der Rationalen Vorstellungsübung entwickelt[31] und mit vielen Klienten durchgeführt, die Sie zur Abwechslung ebenfalls verwenden können.

Hierbei denken Sie sich eine Skala von 0 – 100 und legen dann subjektiv fest, wie intensiv Ihr Gefühl (z.B. Ihre Angst) ist.

Der Punkt 0 auf der Skala könnte dann bedeuten: keinerlei Anspannung.

Der Punkt 100 am anderen Ende der Skala: höchste Panik.

Wenn Sie nun z.B. vier Wochen vor einer Prüfung stehen, so stellen Sie sich in Ihrer Vorstellungsübung vor, wie Sie während der Prüfung schlecht abschneiden: „stecken bleiben", Unsinn re-

[31] Schwartz, D. 1980. Imaginationstechniken in der rational-emotiven Therapie. In: RET-report Jg.1.Heft 1, 36-42.

den etc. (= den schlimmsten Fall am Punkt A). Nun fühlen Sie Ihre Angst und ordnen sie vielleicht dem Punkt 80 auf Ihrer Skala zu (subjektive Einschätzung!), was soviel bedeuten könnte wie: sehr große Angst.

Versuchen Sie nun, Ihre Angst für wenige Sekunden in der Intensität steigen zu lassen, also z.B. auf 90, was Sie mit beginnender Panik umschreiben könnten. Dann gehen Sie wieder auf 80 zurück. Spielen Sie mit diesem Auf und Ab, bevor Sie schließlich unter den Punkt 80 gehen. Die übrige Vorgehensweise ist mit der üblichen Rationalen Vorstellungsübung identisch.

Eigenaktivität

Übung 11: Mit der Rationalen Vorstellungsübung Problemsituationen bewältigen

Beschreiben Sie in Spalte 1 die Situation, an der Sie in Ihrer Vorstellung arbeiten wollen. Vermerken Sie in Spalte 2 Ihre Erfahrungen, nachdem Sie sich in der Vorstellung mit der problematischen Situation konfrontierten und sich vorstellten, wie Sie die Situation mit rationalem Selbstgespräch bewältigten. Experimentieren Sie damit, daß Sie sich als Situation den schlimmsten Fall denken.

1 *Die Situation „Schlimmster Fall“*	*2* *Ergebnis meiner Vorstellungsübung*
______________________	______________________
______________________	______________________
______________________	______________________
______________________	______________________
______________________	______________________
______________________	______________________
______________________	______________________
______________________	______________________

4.3 Verhaltensmethoden der Selbstveränderung

Der dritte Ansatzpunkt für Ihre Veränderungsstrategie ist der Bereich des Verhaltens. Sie können Ihre selbstschädigende Lebensphilosophie radikal dadurch in Frage stellen, daß Sie ihr *zuwiderhandeln.*

Leitsatz — **Handeln, nicht debattieren!**

Ein Beispiel aus der therapeutischen Praxis:

Ein Klient, der unter extremer Angst vor der Benutzung von Fahrstühlen litt (ein sog. Fahrstuhlphobiker), begann seine Ängste damit zu überwinden, daß er sein zugrundeliegendes selbstschädigendes Denkmuster disputierte. Als zentrale selbstschädigende Idee hatte er bereits identifiziert:

1. „Wenn ich jetzt den Fahrstuhl benutze, werde ich große Angst empfinden. Mein Herz wird bis zum Halse klopfen, meine Hände werden schweißnaß werden etc."

2. „Einen solchen *schrecklichen* Zustand kann ich *nicht ertragen!*"

Der Klient hatte sich nun für den Fortgang seiner Therapie etwa folgenden Therapieplan erarbeitet:

Strategie —

Ein Therapieplan

1. „Ich korrigiere meine katastrophisierende Idee mit dem Ziel, meinen Angstzustand als zwar *unangenehm*, aber nicht als *schrecklich* und *unerträglich* anzusehen."
2. „*Anschließend* werde ich diese neue rationale Sichtweise mit der Rationalen Vorstellungsübung einige Wochen lang sozusagen in einer 'Trockenübung' verfestigen."
3. „*Schließlich* werde ich *ein* Stockwerk mit einem Fahrstuhl fahren, am *nächsten Tag zwei* Stockwerke usw."

Diese schrittweise Annäherung an die angstbesetzte Situation am Punkt A (= dem Aktivierenden Ereignis) ist vergleichbar mit der Methode der *Systematischen Desensibilisierung*, wie sie seit langem in der klassischen Verhaltenstherapie – oft auch erfolgreich[32] -durchgeführt wird. Dennoch sprachen einige Punkte in dem geschilderten Fall dagegen, diese Methode anzuwenden. Kennzeichnend für den Klienten war, daß er *Symptomstreß* entwickelte.

Info 8 —

Symptomstress

Auch: Metaproblem, Sekundäres Problem, 2. ABC

Darunter verstehen wir in der REVT, daß jemand *über sein Symptom* neue selbstschädi-

[32] Wie Grawe (1998) betont, ist allerdings interessanterweise der zu beobachtende Erfolg der Systematischen Desensibilisierung durchaus nicht unbedingt auf ihre eigentlichen – von der Theorie her behaupteten -Wirkfaktoren zurückzuführen, sondern vielleicht auf ganz andere Wirkfaktoren, z.B. den Effekt der Erwartungsinduktion.

gende Gedanken entwickelt und sozusagen nach seinem ursprünglichen, ersten Problem ein zweites, neues Problem schafft, das häufig noch mehr belastet als das ursprüngliche.

Es gilt die Empfehlung, den Symptomstreß möglichst vor dem Primären Problem (1.ABC) zu bearbeiten, da dieser gedanklich wie emotional viel Energie des Klienten bindet.

In unserem Beispiel entwickelte der Klient über sein primäres Problem (das war die Angst vor der Benutzung vor Fahrstühlen) eine zweite *Angst vor der Angst*! (= „Angstgefühle sind *furchtbar*! Ich kann den Angstzustand *nicht ertragen*!").

Mit anderen Worten:

Der Klient litt unter niedriger Frustrationstoleranz[33]: Er glaubte, unangenehme Zustände wie Angst seien unerträglich.

Die Systematische Desensibilisierung leistet dieser niedrigen Frustrationstoleranz Vorschub, indem sie dem Klienten durch ihr schrittweises Vorgehen suggeriert, unangenehmen Zuständen könne man sich nur „scheibchenweise" annähern, da die „ganze Portion" *nicht zu verkraften* sei. Aber genau diese Idee *verursacht* niedrige Frustrationstoleranz.

Daher empfiehlt sich also häufig – vor allem bei Symptomstreß und geringer Frustrationstoleranz – eine direkte Vorgehensweise. Sie besteht darin, den „Sprung ins kalte Wasser" zu wagen und *möglichst bald* die bisher vermiedenen Handlungen durchzuführen.[34] Hat sich ein Mensch erst einmal zu diesem Schritt entschlossen und ihn ausgeführt, so findet quasi automatisch auch eine kognitive, also gedankliche Veränderung statt. Der Fahrstuhlphobiker kann seine selbstschädigende Idee von der Schrecklichkeit seines Angstzustandes kaum aufrechterhalten,

[33] Bei A.Ellis LFT (=Low Frustration Tolerance) genannt.

[34] vgl. hierzu Margraf & Schneider, 1989

nachdem er z.B. 50 mal *erlebt* hat, daß er aufgrund seiner Angst durchaus nicht stirbt.

„Schön und gut“, könnten Sie mich nun fragen, „aber wie kann ich mich dazu bringen, den Sprung ins kalte Wasser zu wagen?“

Meine Antwort ist ganz einfach: „Indem Sie sich dazu zwingen!“

Das klingt banal, ist aber – wie Klienten von REVT-Therapeuten *oftmals bewiesen* haben – *möglich und sehr wirksam*.

Der entscheidende Punkt ist auch hier unser inneres Selbstgespräch, wobei wir auf ein von *Russell M.Grieger* in die RET eingeführtes Konzept zurückgreifen[35].

„Sich dazu zwingen“ heißt danach:

1. Festlegen, was getan werden soll
2. Es ausführen *ohne innere Debatte*

Gleichgültig wie Sie sich fühlen, Sie haben Ihr Ziel festgelegt! Also debattieren Sie nicht mehr mit sich („Ob ich es wohl schaffe? Wird es auch nicht zu schlimm? Gäbe es nicht einen *einfacheren* Weg?“). Akzeptieren Sie einfach, daß Ihre Handlung jetzt passieren wird und zum Lauf der Welt gehört. Der wesentliche Punkt hierbei ist, daß Sie – ist erst einmal entschieden, was Sie tun werden – darüber mit sich *nicht mehr verhandeln*!

Die Methode ist enorm wirksam und häufig eine der schnellsten grundlegenden Veränderungsstrategien. Insbesondere ist diese Methode auch angezeigt, weil – wie eine Untersuchung des amerikanischen Psychologen *Howard Kassinove* zeigte – geringe Frustrationstoleranz neben geringem Selbstwertgefühl heute im Zentrum emotionaler Probleme zu stehen scheint[36].

Shame-attacking exercises

Die bekannten sogenannten Scham-attackierenden Übungen sind innerhalb der REVT entwickelt worden und werden in der Regel unter die emotiven Methoden der Selbstveränderung eingereiht.

[35] vgl. R. M. Grieger 1985

[36] vgl. H. Kassinove 1986

Zweifelsohne sind es Übungen, die uns mit Gefühlen der Scham und Peinlichkeit in Kontakt bringen, dennoch scheint mir die Verhaltensorientierung hierbei der wesentliche Aspekt zu sein, sodaß ich sie unter die Verhaltensmethoden einordnen möchte.[37]

Shame-attacking exercises sind auf den ersten Blick sinnlose Übungen, die sich jedoch gegen weit verbreitete und hinderliche Auffassungen richten, mit denen Menschen sich „das Leben schwer machen". Insbesondere die Abhängigkeit davon, was andere Leute von uns denken könnten, und die damit verbundenen Gefühle der Scham und Peinlichkeit sowie die daraus resultierende Einengung möglicher Aktivitäten werden durch „*shame-attacks*" wirksam bekämpft.

Hier einige Beispiele aus der Praxis von REVT-Therapeuten.

Beispiele

Shame-attacking-exercises

- Fragen Sie einen Fremden auf der Straße, ob Sie sich bei ihm zuhause duschen dürften, Sie hätten keine Dusche.
- Rufen Sie in der Straßenbahn oder im Bus laut die Stationen aus und bleiben Sie in der Bahn bzw. im Bus.
- Führen Sie eine Banane an einer Schnur spazieren.
- Ziehen Sie sich komisch an.
- Sagen Sie etwas „Dummes" zu einer Gruppe von Leuten.
- Bringen Sie schlecht zubereitetes Essen in die Küche eines Restaurants zurück.

Wenn Sie diese oder ähnliche „shame-attacks" ausführen, achten Sie aber darauf, daß Sie nicht in echte Schwierigkeiten kommen (z.B. mit dem Gesetz in Konflikt geraten), und tun Sie nichts, was andere wirklich verletzt (z.B. jemanden ohrfeigen). Der Sinn der Übungen besteht darin, daß Sie an sich selbst arbeiten.

---

[37] so jetzt auch Titze & Eschenröder (1998), S.106

Quatsch? Unsinn?

Ja, natürlich! Aber gerade das ist der Sinn der „shame-attacks"! Peinlich? Erniedrigend? Beschämend? Nein, nichts ist wirklich peinlich, solange Sie es nicht so definieren.

Eigenaktivität

Übung 12: Attackieren von Peinlichkeitsgefühlen

Wenn Sie sich dazu entschließen, mit Hilfe der shame-attacking-exercises Ihre Gefühle der Scham und Peinlichkeit anzugehen, so halten Sie Ihre Ergebnisse hier fest. Unter Spalte 1 beschreiben Sie kurz die Situation, der Sie sich aussetzten. Unter Spalte 2 halten Sie fest, wie Sie sich danach fühlten

1 *Die „peinliche" Situation*	*2* *Ihre Reaktionen auf diese Erfahrung*

Inneren Widerstand durch Selbst-Management überwinden

In der REVT betonen wir, daß Veränderungen der Klienten in Richtung des erwünschten Zieles in der Regel dann und jedenfalls schneller erreicht werden, wenn der Klient bereit ist, an seinem Problem *aktiv zu arbeiten*. Und zwar arbeiten im geradezu wörtlichen Sinn: nämlich unter Fleiß- und Zeitaufwand.

Die meisten Klienten sind auch bereit, dem Motto „Ohne Fleiß kein Preis“ zu folgen und z.B. die mit ihrem Therapeuten (oder mit sich selbst) vereinbarten „Hausaufgaben“ regelmäßig zu erledigen. Dennoch gibt es einige Klienten, die gelegentlich ihre Therapiearbeiten unzureichend oder überhaupt nicht machen: man könnte dann von einem inneren Widerstand sprechen.

Wie kann ein Therapeut mit diesem inneren Widerstand des Klienten umgehen (oder Sie selbst, wenn Sie ehrlicherweise erkennen, daß bei Ihnen ein solcher hinderlicher Widerstand vorhanden ist)?

Eine Haupttechnik besteht darin, den inneren Widerstand erneut einer A-B-C-Analyse zu unterziehen und die selbstschädigenden Einstellungen zu disputieren.

Sie könnten sich also fragen: „Als ich gestern abend DSI (= Disputieren selbstschädigender Ideen) machen wollte, mich aber dann entschloß, es nicht zu tun und auf heute *zu verschieben* – was ist mir dabei durch den Kopf gegangen?“ Vielleicht entdekken Sie folgenden Satz:

„Ach, ich mache es später.“

Aber das war höchstwahrscheinlich eine sogenannte Rationalisierung, d.h. Sie haben sich eine scheinbar harmlos vernünftige Begründung dafür gegeben, warum Sie nicht mit Ihrer Hausaufgabe begannen. In Wirklichkeit haben Sie sich angelogen. Welche Begründung gaben Sie sich wirklich, *in dem Moment* als Sie die Arbeit auf morgen verschoben hatten? Wahrscheinlich etwas wie dieses: „Ach, jetzt DSI zu machen ist *zu* anstrengend und *zu* mühsam. Ich möchte lieber diese schöne Sendung im Fernsehen anschauen.“

Und so könnte Ihr „Widerstands-ABC“ aussehen:

Beispiel —

Ein Widerstands-ABC

A Entschluß, die Hausaufgabe zu erledigen

B *„Zu anstrengend.* Meine Therapie *sollte* leicht und ohne Anstrengung zum Erfolg führen.“

C Aufschieben, Nicht erledigen

Und nun fragen Sie sich (Disputation):

D „Wieso ist es nicht nur anstrengend, jetzt DSI zu machen, sondern *zu anstrengend*? Wo gibt es einen Beweis dafür, daß meine Fortschritte in der Therapie leicht und mühelos sein *müssen*?"

Diese Form des selbstschädigenden inneren Widerstandes besteht also aus einem inneren Selbstgespräch, das wir bezeichnen können als die Philosophie der geringen Frustrationstoleranz.

Leitsatz — **Die Philosophie der geringen Frustrationstoleranz**

- Es ist *zu lästig, zu hart und zu anstrengend*, seine „Hausaufgaben" zu machen
- Man *muß* Fortschritte leicht erzielen können
- Man *kann* mühsame Arbeit *nicht schaffen*
- Eine Welt ist *furchtbar*, in der man Veränderungen nur schwer und unter Mühen erreichen kann.

Wenn auch Sie bei sich diese Philosophie der geringen Frustrationstoleranz entdecken, so zögern Sie nicht, zunächst Ihre selbstschädigenden Einstellungen gründlich in Frage zu stellen. Die Erfahrung hat gezeigt, daß sich auf diese Weise der innere Widerstand gut auflösen läßt.

Eigenaktivität

Übung 13: Zu geringe Frustrationstoleranz bekämpfen

Sie wissen jetzt, welche selbstschädigenden Denkmuster geringe Frustrationstoleranz verursachen und wie Sie dagegen erfolgreich rationale Alternativen entwickeln können.

Üben Sie nun bei verschiedenen Gelegenheiten, indem Sie kurz die Situation beschreiben, dann Ihren Selbstdialog aufzeichnen und den Ausprägungsgrad Ihrer Frustrationstoleranz kennzeichnen.

1. *Situation*	***2.*** *Ihr rationales Selbstgespräch*	***3.*** *Frustrationstoleranz noch* niedrich 1 2 3 4 5 hoch
________	________	
________	________	
________	________	
________	________	
________	________	
________	________	
________	________	
________	________	
________	________	

Von Rational-Emotiven und Kognitiven Verhaltenstherapeuten wird häufig eine weitere Technik zur Überwindung des inneren Widerstandes eingesetzt:

Sie basiert auf den Prinzipien des sog. operanten Konditionierens, wie sie von *B. F. Skinner* (1938) und anderen bekannten klassischen Verhaltenstherapeuten entwickelt worden sind.

Wie gehen Sie dabei vor?

„Operantes Konditionieren“

In einem *ersten Schritt* erstellen Sie eine Liste von Tätigkeiten, die Ihnen besonders viel Spaß und Freude bereiten (eine sogenannte Verstärkerliste).

Also zum Beispiel:

- ein Kino- oder Theaterbesuch
- Sport treiben
- im Restaurant essen
- Freunde besuchen

und ähnliches.

Im *zweiten Schritt* knüpfen Sie diese Tätigkeiten an Ihre „Hausaufgaben“: nur wenn Sie Ihre jeweilige Therapieaufgabe erfüllt haben, dann belohnen Sie sich dafür mit den von Ihnen gewählten angenehmen Aktivitäten. Andernfalls entfällt der Spaß! Darüberhinaus können Sie im Selbstmanagement auch negative Konsequenzen einsetzen, wenn Sie Ihre gewählten Aufgaben nicht durchführen. D.h. Sie denken sich eine negative Konsequenz aus, wie z.B.

- besonders früh aufstehen
- die Wohnung gründlich sauber machen

etc., und führen diese unangenehmen Tätigkeiten aus, wenn Sie Ihre „Hausaufgaben“ nicht machten.

Bedenken Sie aber: es ist nicht Sinn dieser negativen Konsequenzen, sich selbst *als Person zu bestrafen* oder *zu verdammen.*

Eigenaktivität

Ubung 14: Verhaltensstrategien entwickeln, um zu erreichen, was man erreichen will

Schritt 1: Wählen Sie eine Aufgabe, die Sie erledigen wollen:

____

____

Schritt 2: Teilen Sie die Aufgabe in einzelne aufeinander aufbauende Schritte auf, die Sie für sich genommen verhältnismäßig rasch erledigen können. Erstellen Sie dann Ihren Fahrplan:

Tag	*Heute zu erledigen*	*erledigt*
1	______________________	*Ja / Nein*
2	______________________	*Ja / Nein*
3	______________________	*Ja / Nein*
4	______________________	*Ja / Nein*
5	______________________	*Ja / Nein*

Schritt 3: Füllen Sie die Liste aus mit angenehmen Dingen (Belohnungen) und unangenehmen Dingen (Bestrafungen). Für jeden Tag eine Belohnung und eine Bestrafung. Bedenken Sie dabei jedoch, daß sowohl Belohnung als auch Bestrafung erst am Ende des Tages eingesetzt werden sollen bzw. nachdem Sie wissen, ob Sie Ihre Tagesaufgabe erledigt haben.

1. Tag	*2. Belohnung*	*3. Bestrafung*
1	______________	______________
2	______________	______________
3	______________	______________
4	______________	______________
5	______________	______________

Kapitel 2

Spezieller Teil

5. Die Bewältigung von Depressionen und zu geringer Frustrationstoleranz

Der folgende Abschnitt zeigt anhand eines Therapieausschnittes Lösungsmöglichkeiten für das Problem der Depression auf. Typischerweise findet sich bei depressiv verstimmten Klienten auch häufig eine ausgeprägt geringe Frustrationstoleranz. Es gilt daher, die selbstschädigende „Philosophie der zu geringen Frustrationstoleranz" herauszuarbeiten.

Die Klientin (im folgenden K.) ist eine 28jährige verheiratete Frau mit drei kleinen Kindern.

Therapeut (im folgenden T.) liest aus dem Selbsthilfeformular (Rationale Selbstanalyse), das die Klientin (K.) ausgefüllt hat:

T.: Also Sie sagen: „Der Gedanke, ich könnte meinen Kindern etwas antun, belastet mich." Wann haben Sie diesen Gedanken?

K.: (schluchzt) Zu allen möglichen Gelegenheiten, wenn ich z.B. in der Zeitung etwas über einen Kindermord lese oder mit dem Brotmesser eine Scheibe Brot für meine Kinder abschneide und ähnliches.

T.: Und verspüren Sie einen unwiderstehlichen Drang, Ihren Kindern etwas anzutun?

Diese Frage stellt der Therapeut, um abzuklären, ob evtl. tatsächlich Gefahr für die Kinder der K. besteht, was im Falle einer echten Nervenkrankheit (einer sog. endogenen Psychose) möglich wäre.

K.: Nein, das nicht. Aber was mich so fertig macht, ist, daß ich überhaupt so etwas denke. *Das* macht mich ganz depressiv.

T.: Was meinen Sie mit „*das*"?

K.: Daß ich so etwas *Furchtbares* denke!

An diesem Beispiel kann man erkennen, daß nicht nur Ereignisse, sondern auch Gedanken „Auslösende Ereignisse" (= Aktivierende Ereignisse) im Sinne der A-B-C-Theorie der REVT sein können. Das A-B-C- der Klientin lautet:

Das ABC der Klientin	
Aktivierendes Ereignis	**Der Gedanke**
Bewertung	Dies zu denken ist *furchtbar*
Consequenz	Depressive Verstimmung

T.: Was ist an dem Gedanken *furchtbar*?

Mit dieser Frage leitet der Therapeut sofort die Disputation ein.

K.: Nun, so etwas kann man doch als Mutter nicht denken.

T.: Denken *kann* das jede Mutter. Sie meinen wohl: „Als Mutter *darf* man so etwas nicht denken"?

K.: Genau. Das ist nicht normal.

T.: Was verstehen Sie unter „nicht normal"?

K.: (weint) Nun...ich befürchte, ich komme ins Nervenkrankenhaus, wenn ich so weiter mache...

T.: und daß Sie also eine *schlechte Mutter*, ein *schlechter Mensch* sind? Bewerten Sie sich *als Mutter und Mensch insgesamt*? Sagen Sie sich: „Ich bin nur dann eine *gute Mutter*, ein *guter Mensch*, wenn ich so etwas nicht denke."? Wenn das so ist, dann bringt Sie *das* in Schwierigkeiten, *das* macht Sie depressiv. Sicher wäre es nicht schön, wenn Sie ins Nervenkrankenhaus kämen, das hätte Nachteile für Sie. Aber abgesehen davon, daß ich keinen Grund erkennen kann, warum Sie ins Nervenkrankenhaus kommen sollten, was wäre daran so *furchtbar und entsetzlich*?

K.: (schluchzt) Die Leute...was würden die denken?

T.: Nun, was könnten sie *schlimmstenfalls* denken?

Der Therapeut wendet die sogenannte „Schlimmster-Fall-Methode" an, um rasch zu dem zentralen selbstschädigenden Denkmuster vorzudringen. Ein weiteres Beispiel für diese Technik findet sich im Infokasten 9 „Die Schlimmster Fall-Methode“.

Info 9

Die „Schlimmster Fall“-Methode

Diese Fragetechnik hilft, zu den zentralen Aspekten selbstschädigender Lebensphilosophie vorzudringen. Beispiel: Ein Klient sagt, er habe Angst.

T: Wovor?
K: Vor einem Vortrag.
T: Wovor haben Sie da Angst, wenn Sie einen Vortrag halten?
K: Daß ich vielleicht keinen guten Vortrag zustandebringe.
T: Nehmen wir mal an, Sie kriegen keinen guten Vortrag zustande. Wovor hätten Sie Angst?
K: Dann würde ich in der Firma schlecht beurteilt werden.
T: Nehmen wir auch das mal an.Wovor hätten Sie da Angst?
K: Man würde mich vielleicht nicht befördern.
T: Und dann?
K: O Gott, ich könnte meinem Vater nicht mehr in die Augen schauen.
T: Wenn Sie Ihrem Vater von Ihrem Fehlschlag berichten würden, wovor hätten Sie dann Angst?
K: Ich sehe ihn vor mir – er wäre total down!
T: Und was würde das für Sie bedeuten? Wie würden Sie sich dann fühlen?
K: O Gott, es wäre *fürchterlich*. Ich könnte das wirklich *nicht aushalten*, ihn so enttäuscht zu sehen.

K: Daß ich nicht normal bin...

T.: ...und eine *schlechte Person*?

K.: Ja.

T.: Und macht es Sie tatsächlich zu einer *schlechten Person*, wenn und nur weil andere es von Ihnen denken?

K.: Na ja – nein, ich glaube nicht

T.: Deshalb machen Sie sich besser mit einem neuen, hilfreichen und „wahren" Gedanken vertraut, nämlich: Es ist sicher *nicht schön*, wenn andere schlecht von Ihnen denken, aber es *macht* Sie nicht schlecht. Es ist sicher *nachteilig*, ins Nervenkrankenhaus zu kommen, aber es beweist nicht, daß Sie eine *schlechte Mutter* sind.

Wir können eine zentrale, depressiv machende Einstellung der Klientin erkennen – ihre Selbstabwertungstendenz. Sie sieht sich als *wertlosen Menschen*, als *schlechte Mutter*, wenn sie nicht „normal" denkt. Ein evtl. Klinikaufenthalt wäre für sie ein endgültiger Beweis für ihre Minderwertigkeit.

Immer wenn wir uns niedergeschlagen fühlen, so ist es ganz wichtig, zu erkennen, daß unsere selbstschädigende Lebensphilosophie und nicht irgendwelche Ereignisse unsere depressiven Gefühle verursachen.

Wir erkennen aber auch die geringe Frustrationstoleranz der Klientin, der solche Gedanken zugrunde liegen wie: „Es ist *schrecklich*, wenn man in eine Nervenklinik kommt. Das *halte ich nicht aus*! Das *darf* mir nicht passieren!" Diese Gedanken führen zu Verzweiflung und zwanghaftem Grübeln. Sie helfen nicht dabei, sich als Mensch zu akzeptieren mit all seinen Schwächen und Fehlern. Sie machen ebenfalls depressiv und ändern an dem Auslösenden Ereignis (A) gar nichts, sind also ebenfalls Teil der selbstschädigenden Lebensphilosophie der Klientin.

T.: Nehmen Sie an, Ihre Nachbarn würden davon erfahren, daß Sie im Nervenkrankenhaus waren. Was würde passieren?

K.: Sie würden mich bestimmt nicht mehr akzeptieren.

T.: Was wäre so unakzeptabel an Ihnen?

K.: Daß ich nicht normal wäre.

T.: Würden Sie denn *erst* durch den Klinikaufenthalt unnormal *werden*?

K.: Nein, das wohl nicht.

T.: Ja, also sind Sie dann schon jetzt anomal?

K.: Ja, so kommt es mir vor

T.: Nun ja: *So kommt es Ihnen vor*. D.h. Sie *definieren* sich als nicht normal und sagen sich: „Wenn die Leute das wüßten, würden sie nicht mal mit mir reden. Das wäre *entsetzlich*." Sagen Sie so etwas zu sich?

K.: Ja, oft.

T.: Nun, es ist sicher nicht wünschenswert, wenn ein Nachbar aus diesem Grunde mit Ihnen nicht mehr reden würde, das ist klar. Aber wieso ist es *das Schlimmste, was Ihnen im Leben passieren* kann, also *furchtbar*, wenn ein Nachbar nicht mehr mit Ihnen reden würde?

K.: Weil...Dann wäre ich isoliert.

T.: Das wäre sicher sehr unangenehm, aber wieso wäre es *das Schlimmste, was passieren* könnte, eine *Katastrophe*?

K.: Es würde, glaube ich, mir zeigen, daß ich *eine Niete* bin.

T.: Aber nur, wenn Sie sich als Niete *definieren* . Wenn Sie sich sagen: „Die Leute reden nicht mit mir, weil sie mich für eine Null halten. Sie haben ja so recht!" Wenn Sie also zustimmen! Aber warum stimmen Sie zu, wenn Sie jemand für eine Niete hält?

K.: Ich weiß nicht. Ich hab immer schon so eine Tendenz gehabt, das zu glauben.

T.: Wahrscheinlich deshalb, weil Sie *fordern*, daß andere Sie akzeptieren *müssen*, damit Sie sich akzeptieren können. Sie sagen sich: „Ich bin nur dann keine *Niete*, wenn die Leute mich akzeptieren. Ich habe nur dann *Wert als Person*, wenn die Leute mich mögen – wenn nicht, dann beweist das, daß ich *eine Null* bin." Das ist Ihre Definition der Sache. Was bringt Ihnen das?

K.: Nun ja, wahrscheinlich nichts.

T.: Selbst wenn die Leute Sie mögen, Sie würden sich dennoch ständig sorgen. Worüber wohl?

K.: Ja, ja. Wahrscheinlich, ob sie mich auch in Zukunft mögen werden.

T.: Genau. Sie würden damit nur dann aufhören können, wenn Sie eine *Garantie* hätten, daß Sie immer akzeptiert werden. Aber wie sollen Sie die bekommen?

K.: Das wird es nicht geben, ja, ich sehe das.

T.: Garantien dieser Art existieren nicht. Also werden Sie sich Ihr Leben lang elend fühlen, wenn Sie Ihre falsche Philosophie nicht ablegen: wenn Sie nicht akzeptiert werden, beweist das Ihrer Meinung nach, daß Sie *eine Niete* sind. Werden Sie akzeptiert, so müssen Sie sich ängstigen, wie lange Sie noch akzeptiert werden. Was könnten Sie tun, um sich zu akzeptieren?

K.: Ich weiß nicht...

T.: Warum verändern Sie Ihre selbstschädigende Lebensphilosophie nicht?

K.: Sie sitzt so tief, wie soll ich sie loswerden, ich wünschte es wäre anders.

T.: Was haben Sie bisher dafür getan?

K.: Eigentlich nichts...

T.: Eben. Wenn Sie sagen: „Ich kann nicht Schach spielen" und ich fragte Sie: „Warum nicht?" und Sie antworteten mir: „Ich versuche es nicht" – beweist das, daß Sie es nicht können? Solange Sie es nicht versuchen, Ihre Lebensphilosophie zu ändern, wird sie bestehen bleiben. Fangen Sie also an, sich zu verändern. Gleich jetzt. Sie können es. Also: Wenn Leute Sie nicht akzeptieren, weil Sie sich komisch verhalten, was sagen Sie dann besser zu sich?

K.: Daß ich mich trotzdem akzeptieren kann...

T.: Obwohl Sie sich komisch verhalten?

K.: Das fällt mir schwer.

T.: Wieso *sind* Sie eine Null, wenn Sie sich komisch *verhalten*? Menschen *sind nicht das, was sie tun*. Wir sind keine „Esser", „Schläfer", „Musiker". Denn wir essen, schlafen oder musizieren nicht nur, sondern wir machen auch viel andere Dinge.[38]

K.: Na ja, aber ich zeige doch durch mein Verhalten, daß ich eine Null bin.

T.: Oder definieren Sie sich vielleicht bloß als Null? *Es gibt aber keine Nullen unter den Menschen.* Wieso waren Hitler oder Stalin keine *Nullen*, keine *minderwertigen Teufel*?

K.: Na, die meisten Menschen denken das aber!

T.: Richtig. Aber es ist dennoch ein Fehler! Sie waren keine Teufel, sie *handelten* oftmals sehr *schlecht*, aber wie kann sie das zu *Teufeln*, zu *absoluten Nullen* machen? Die Antwort lautet: Das ist nicht möglich, weil Menschen falsch handeln, das ist ihre Natur. Auch Hitler und Stalin haben *nicht nur, nicht ausschließlich* falsch und böse gehandelt. Ein Teufel würde *nur und immer* böse handeln und er wäre dazu verdammt, in alle Ewigkeit so zu handeln, das wäre seine teuflische Natur. Aber Menschen sind keine Teufel, sondern nur fehlerhafte Wesen. Also warum sollten wir Gewaltherrscher *als Person* für ihre falschen *Handlungen* verdammen? – In Wirklichkeit macht es nur Sinn, ihre *Handlungen* zu verurteilen.

K.: Das habe ich bisher noch nicht so gesehen.

T.: Wir verurteilen besser Menschen nicht *als Personen* für ihre falschen *Handlungen*. Auch Sie verurteilen sich als Person anstatt sich zu sagen: *„Ich bin nicht das, was ich tue*. Meine Handlungen können falsch sein, Eigenschaften können negativ sein, aber nicht *ich als ganze Person*!"

---

[38] vgl. den Infokasten 7 „General Semantics"

Dies ist ein schwieriges, aber zentrales Konzept der Philosophie der REVT:

Leitsatz — **Wir können Verhaltensweisen und Eigenschaften bewerten, aber niemals die Person als Ganzes, die solche negativen Handlungen begeht bzw. solche negativen Züge besitzt.**

Das führt nur zu Minderwertigkeitsgefühlen und Depressionen, es ändert aber häufig an unserem Verhalten nichts. Es ist also wichtig, dieses selbstschädigende Denken so oft wie möglich mit aller Kraft in Frage zu stellen, indem Sie z.B. eine Rationale Selbstanalyse (RSA) verfertigen oder auf DSI (Disputieren selbstschädigender Ideen) zurückgreifen.

T.: Warum beginnen Sie nicht damit, anderen Müttern oder Bekannten von Ihrem Gedanken zu erzählen und von Ihren Befürchtungen, dies sei ein Symptom fürs Verrücktwerden?

Es ist für eine effektive Selbstveränderung von großem Vorteil, nicht nur umzu*denken*, sondern möglichst bald auch gemäß seinen neuen Einsichten anders zu *handeln*, mit neuen Verhaltensweisen zu experimentieren.[39]

K.: Das könnte ich nicht!

T.: Mit welchen Gedanken halten Sie sich davon ab?

K.: Daß die anderen mich nicht mehr mögen wegen dieser dummen Vorstellungen, daß sie mich ablehnen.

T.: Nun, nehmen Sie an, Sie sprechen dennoch davon und erfahren Ablehnung.[40]

K.: Das könnte ich nicht!

T.: Sie meinen, es würde Ihnen *zu* schwerfallen, es wäre *zu* hart?

---

[39] Dies wird bestätigt durch allerneueste Überlegungen zu den Wirkfaktoren von Psychotherapie, vgl. Grawe, 1998.

[40] vgl. die „Schlimmster Fall Methode“

K.: Ja.

T.: Aber wieso können Sie etwas Schwieriges nicht tun? Warum können Sie sich nicht zwingen, egal, wie schwer es fällt? Sie hätten eine Menge therapeutischen Nutzen davon.

K.: Es ist halt leichter, sich nicht zu zwingen.

T.: Ist das wirklich so? *Im Moment* finden Sie es leichter, alles für sich zu behalten. Aber Sie werden dann wahrscheinlich weiter zu sich sagen: „Niemand *darf* etwas erfahren von dieser Sache. Wie *schrecklich*, wenn jemand etwas merkt und mich dann ablehnt. Ich kann Ablehnung *nicht ertragen*, weil damit bewiesen wäre, was für eine *Niete* ich doch bin!" So bleiben Sie deprimiert und ängstlich, oder?

K.: Ja, ich glaube schon.

T.: Also was ist dann wirklich leichter? Sich selbst dazu zu bringen, sich unangenehmen Situationen auszusetzen und sich *kurzzeitig* unwohl zu fühlen? Oder den *Rest Ihres Lebens* immer wieder unter Depressionen und Minderwertigkeitsgefühlen zu leiden?

K.: Ja, so gesehen wäre es leichter, sich nur einige Zeit lang unwohl zu fühlen.

T.: *Wäre* es leichter oder *ist* es leichter?

K.: (lacht) Ja, Sie haben recht, ich muß Ihnen zustimmen.

T.: Sie tun etwas, was für viele Menschen gilt, es ist sehr menschlich: Sie suchen sich den *scheinbar* leichten Weg, um momentanes Unwohlsein zu vermeiden auf Kosten größerer Schwierigkeiten in der Zukunft. Aber Sie können den anderen Weg wählen: sich zu augenblicklichen Unannehmlichkeiten zwingen und damit die größeren Unannehmlichkeiten aus der Welt schaffen!

(Vgl. hierzu den Infokasten 10.)

Info 10 —

Kurzzeithedonismus vs. Langzeithedonismus

Dies ist ein Hauptkonzept für die Bewältigung der sogenannten niedrigen Frustrationstoleranz. Es ist verwandt mit dem alten Sprichwort: ohne Fleiß kein Preis! Die Klientin kann erkennen, daß sogenannter Kurzzeithedonismus (Hedonismus = die Suche nach Wohlbefinden) im Augenblick angenehm ist, aber zu größerem Unbehagen in der Zukunft führt. Die Lösung besteht in der Umwandlung des Kurzzeithedonismus in den Langzeithedonismus. Letztere Einstellung nimmt momentanes Unwohlsein zu Gunsten späteren Wohlbefindens in Kauf. Es ist sicher hart für die Klientin, Ihre gehüteten Gedanken preiszugeben und vielleicht negative Reaktionen Ihrer Umwelt zu erfahren, aber es ist sehr wahrscheinlich viel härter für sie – auf lange Sicht – es nicht zu tun.
Die grundlegenden selbstschädigenden Gedanken, die zu geringer Frustrationstoleranz führen und damit Langzeithedonismus verhindern, sind:

„O wie *schrecklich*, wenn ich mich jetzt unwohl fühle! Das ist *zu hart* für mich! Ich armes Geschöpf kann das *nicht aushalten*! Es *sollte* leichter sein, meine Ziele zu erreichen! Frustrationen *dürfen nicht* sein! Wer etwas Unangenehmes von mir verlangt, ist böse! Schwierige Situationen verdiene ich nicht, ich habe ein *Anrecht* auf eine leichtes Leben!“

All diese Ideen entbehren der Verankerung in der Wirklichkeit und deshalb ist es wichtig, sie immer wieder mit aller Energie anzuzweifeln (vor allem, wenn Sie unter Depressionen und Minderwertigkeitsgefühlen leiden). Es ist wichtig, zu lernen, daß und wie Sie mit kurzzeitigem Unbehagen fertig werden können. Arbeiten Sie täglich daran: in Gedanken und mit aktivem Handeln!

6. Schuldgefühle überwinden

Schuldgefühle sind äußerst weit verbreitet und führen bei vielen Menschen dazu, daß sie über lange Zeit oder sogar ihr ganzes Leben in unglücklichen Situationen (Ehen, Arbeitsstellen etc.) verbleiben, *obwohl sie die Wahl* hätten, glücklichere Umstände herbeizuführen. Der Klient im folgenden Beispiel ist ein 45-jähriger Geschäftsmann, der seit Jahren ein Unternehmen zusammen mit einem Freund leitet, der Alkoholiker ist und die Entwicklung des gemeinsamen Unternehmens behindert. Der Klient könnte sich von seinem Freund und Geschäftspartner trennen, ohne geschäftliches Risiko einzugehen, aber massive Schuldgefühle halten ihn von diesem Schritt ab.

T.: Sie schreiben hier (auf dem vom Klienten mitgebrachten „Homework-sheet“): „Ich bringe es nicht fertig, mich von Bernd zu trennen. „Warum bringen Sie es nicht fertig? Hält Sie ein besonderer Umstand davon ab?

K.: Ich weiß nicht recht. Es sind irgendwie Schuldgefühle ihm gegenüber. Seit Jahren passieren äußerst schädliche Dinge durch sein Trinken, die uns viel Geld gekostet und viele Schwierigkeiten mit Kunden und sogar den Gerichten eingebracht haben. Ich weiß, es wäre schon lange besser gewesen, mich von ihm zu trennen und den Betrieb allein weiterzuführen. Aber ich bring's nicht fertig. Wir haben den Betrieb zusammen aufgebaut und früher – als er noch nicht getrunken hat – war er ein wirklich guter Mann und ich habe ihm viel zu verdanken. Irgendwie kann er ja auch nichts für seine Trinkerei. Wenn ich mich jetzt von ihm trennen würde, wäre er sicherlich ziemlich erledigt.

T.: Finanziell?

K.: Das nicht. Er könnte ja stiller Teilhaber bleiben. Aber psychisch.

T.: Ich verstehe. Aber was *werfen Sie sich vor*, wenn Sie an Trennung denken?

K.: Nun, ich denke, daß man so etwas nicht machen *sollte*.

T.: Daß Sie so etwas nicht machen *sollten*?

K.: Ja.

T.: Aber warum *sollten* Sie sich nicht von Ihrem Partner trennen, wenn Sie nicht mehr mit ihm zusammen arbeiten wollen?

K.: Ich weiß, es ist komisch. Andere hätten den Schritt vermutlich schon längst als notwendig akzeptiert – ich kenne Fälle, wo solche Verbindungen aus viel geringeren Gründen aufgehoben wurden.

T.: So ist es. Also wenn man dann Ihre Situation...

K.: Ich weiß. Aber es liegt *tiefer* bei mir.

T.: Was meinen Sie?

K.: Nun, *ich* würde mir ziemlich *schlecht* vorkommen, wenn ich verantwortlich wäre für seinen Zusammenbruch.

Ohne sich dessen sehr bewußt zu sein, hält der Klient in seinem letzten Satz gleich vier Hypothesen:

Analyse

Das Denkmuster eines Klienten

1. Nach einer Trennung bricht sein Partner zusammen.
2. Dieser Zusammenbruch ist hauptsächlich durch ihn verursacht.
3. Eine solche Handlungsweise ist verwerflich.
4. Verwerfliches *Handeln* macht einen Menschen zum *schlechten Menschen.*

Die REVT lehrt, die Hypothesenhaftigkeit eigener Aussagen zu erkennen und diese Hypothesen an der Wirklichkeit zu überprüfen und gegebenenfalls abzuändern. Der entscheidende Vorteil der Rational-Emotiven Verhaltenstherapie besteht darin, aus mehreren möglicherweise falschen Hypothesen die zentralen selbstschädigenden Ideen rasch erkennen zu können. Deshalb ist die von Ellis entwickelte Methode der Psychotherapie, die REVT

✓ enorm effektiv

✓ im Vergleich zu anderen Therapieformen sehr zeit- (und kosten-)sparend.

✓ eine echte *Tiefen*psychologie, da sie die zentralen Probleme anzielt.

T.: Lassen wir mal die Frage, ob erstens Ihr Partner *wirklich* zusammenbrechen würde und zweitens ob Sie dafür allein verantwortlich wären, vorläufig unbeantwortet. Unterstellen wir drittens, daß Ihr Verhalten, wenn Sie sich trennen würden, wirklich falsch wäre.[41] Aber wie steht es mit Ihrer Annahme, daß Sie ein *schlechter Mensch* wären, wenn Sie *falsch handelten*?

K.: Das ist doch so, oder? Darin unterscheiden sich doch die Menschen, daß sie falsch oder richtig, gut oder böse handeln.

T.: Das mag wohl sein, aber diese Aussage führt zu gar nichts. Wie oft – Ihrer Meinung nach – handeln Menschen im Laufe ihres Lebens falsch? Zweimal? Einhundertmal? Oder noch öfter?

K.: Nun, sicher viel öfter.

T.: Richtig. Sie handeln unzählige Male falsch, aber auch unzählige Male richtig. Nehmen Sie an: Herr Müller handelte 10428 mal falsch in seinem Leben und 11717 mal richtig. Herr Meier handelte 9780 mal falsch und 9550 mal richtig. Der eine ist dann der *gute Mensch*, der andere der *schlechte*?

K.: Na ja, das kommt wohl aufs Gleiche heraus.

T.: Wissen Sie, wie *Ihre* Zahlen für *Ihr* Leben lauten werden?

K.: Nein.

T.: Wie können Sie dann jetzt schon bei *einer* falschen Handlung sich als *schlechten Menschen* sehen?

---

[41] vgl die „Schlimmster Fall Methode“ im Kapitel zuvor.

K.: Ich sehe. Das geht wohl nicht.

T.: Es ist purer Unsinn! Nur Engel handeln nie falsch und verdienen daher das Prädikat „gut“. Wir Menschen handeln falsch und richtig, häufig – je nach Ansicht – *sowohl* falsch *als auch* richtig, aber wir sind deshalb niemals gute oder böse Menschen.

K.: Ich könnte vielleicht noch jemanden in die Firma mit aufnehmen und dann gemeinsam...

T.: Halt! Wollen Sie jetzt ausweichen? Das wäre falsch. Wenn Sie das Modell der REVT anwenden, so brauchen Sie keine fragwürdigen Umwege, um sich zu ändern.

Strategie

Die Schwarze-Katzen-Metapher

Nehmen Sie an, Sie seien der Ansicht, schwarze Katzen brächten Unglück und Sie lebten in einem Haus mit vielen schwarzen Katzen. Daß schwarze Katzen Unglück bringen, ist Unsinn. Stimmen Sie mir da zu?

K.: Voll und ganz.

T.: Okay. Sie könnten nun zwei Wege beschreiten, um dieses Problem loszuwerden. Was meinen Sie?

K.: Um nicht mehr an diesen Unsinn zu glauben?

T.: Ja, daß schwarze Katzen Unglück bringen und Sie daher ein großes Problem hätten.

K.: Ich weiß nicht...

T.: Sie könnten erstens umziehen...

K.: (lacht) Ach ja, ich verstehe...

T.: Sie sehen, das wäre Quatsch. Eine unsinnige Handlung! Damit änderten Sie an Ihrer Idee gar nichts, Sie würden sie im Gegenteil unangetastet lassen. Richtig ist der zweite Weg: Sie attackieren immer wieder Ihre Idee: „Wie zum Teufel können schwarze Katzen mir wirklich schaden, nur weil sie schwarz sind?“

K.: Ja, ich sehe es jetzt. Ich stelle mich besser der Herausforderung und versuche, meine selbstschädigenden Einstellungen zu ändern, um meine Schuldgefühle zu überwinden.

In der Schwarze-Katzen-Metapher stellt ein Umzug in ein Haus ohne schwarze Katzen für den abergläubisch Leidenden eine Problemlösung durch Veränderung des Aktivierenden Ereignisses dar (= das Haus mit schwarzen Katzen ist das A). Am Aberglauben (= selbstschädigendes Denkmuster am Punkt B) würde sich nichts ändern. Manchmal können Probleme zwar auch so gelöst werden. Was aber, wenn sich erneut „schwarze Katzen“ einfinden? Und was, wenn kein Haus zu finden ist (= das A läßt sich nicht verändern)?

Schuldgefühle sind die hauptsächlichen emotionalen Folgen, wenn wir uns nicht akzeptieren. Andererseits sind Schuldgefühle in unseren modernen Gesellschaften sozial akzeptiert. Viele Leute glauben, es zeuge von Lieblosigkeit, wenn wir uns nicht schuldig fühlen und verstärken die Entwicklung von Schuldgefühlen bereits bei ihren Kindern. In Wirklichkeit werden Schuldgefühle von Erwachsenen und auch schon von Kindern häufig eingesetzt, um sich gegenseitig zu manipulieren. Wer dieser Manipulation nicht entgegentritt, entscheidet sich für die Selbstablehnung.

Eine Alternative zur Entwicklung von Schuldgefühlen besteht darin, die jeweilige Situation genau zu analysieren und zu entscheiden, ob man etwas falsch gemacht hat. Wenn nicht, so gibt es keinen Grund für Schuldgefühle. Wenn doch, so gibt es auch keinen Grund, sich selbst zu verdammen. Wir können stattdessen eventuell angerichteten Schaden oder jemandem angetanes Unrecht wiedergutmachen, unser Verhalten bedauern, uns aber weiterhin als fehlerhaftes menschliches Wesen akzeptieren. Die emotionale Alternative zu Schuldgefühlen besteht also nicht in gefühlsmäßiger Gleichgültigkeit, sondern in einem Mitgefühl des Bedauerns, das zu entsprechenden Verhaltensänderungen motiviert, vgl. die Abb. 7.

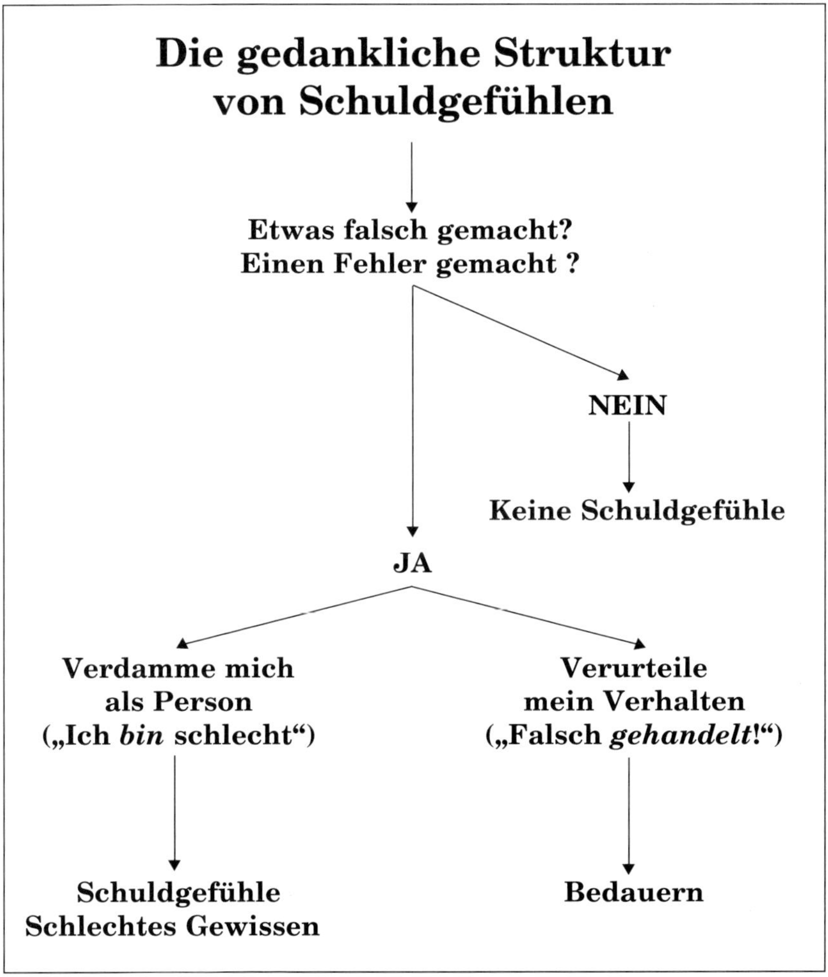

Abb. 7: Die kognitive Struktur von Schuldgefühlen

Ein weiterer Weg, sich von Schuldgefühlen zu befreien, besteht in der Erkenntnis, daß wir nicht verantwortlich sind für die Gefühle anderer Personen. Dagegen sind wir verantwortlich für unsere eigenen Gefühle! Wenn Ihr Partner zu Ihnen sagt: „Du hast meine Gefühle verletzt“, so können Sie antworten: „Nein, du hast deine Gefühle selbst verletzt. Aber ich kann dir zeigen, wie du hilfreichere Gefühle haben kannst“.

Der erste Schritt zur Selbstakzeptierung besteht in der Erkenntnis, daß wir Menschen keine Einheit darstellen, die *pauschal als gut oder schlecht* bewertet werden kann. Wir sind vielmehr zusammengesetzt aus vielerlei Verhaltensweisen, Persönlichkeitszügen und Charaktermerkmalen, vgl. hierzu die Abb. 5 zum Wertproblem des Menschen. Manche davon sind angenehm, andere unerwünscht und wieder andere neutral. Es ist bedeutungslos, sich als Person insgesamt als gut oder schlecht, als wertlos oder wertvoll einzustufen. Wir sind Personen, die gut und schlecht handeln, die sich richtig und falsch verhalten. Genauso unlogisch ist es, sich als wertlose Person zu verdammen (oder als wertvolle Person zu preisen), wenn wir falsch (oder richtig) gehandelt haben.

Strategie –

Wegweiser zur Überwindung von Schuldgefühlen

Hier ist Ihr Wegweiser, wie Sie Schuldgefühle überwinden können, indem Sie lernen, sich selbst zu akzeptieren und echtes Mitgefühl und soziales Verhalten zu entwickeln:

1. Hören Sie auf, sich selbst zu verdammen für irgendetwas, was Sie getan (oder nicht getan) haben. Akzeptieren Sie sich dagegen *bedingungslos* mit allen Ihren Züge, Charaktermerkmalen und Verhaltensweisen.
2. Sich selbst zu akzeptieren bedeutet nicht, alles für gut zu befinden, was Sie tun. Aber anstatt sich zu verdammen, begin-

nen Sie besser mit Ihrer Selbstveränderung.

3. Akzeptieren Sie das Lob anderer.
4. Betrachten Sie sich als liebenswerte Person und beginnen Sie dann auch, gut zu sich selbst zu sein: gönnen Sie sich Zeit für interessante Tätigkeiten, tun Sie, was Sie mögen etc.
5. Verwechseln Sie nicht Ihre Person mit dem, wie Sie handeln. Statt zu glauben, Sie seien ein guter Mensch, wenn Sie gut handeln, und ein schlechter Mensch, wenn Sie schlecht handeln, sehen Sie sich als Menschen, der sowohl gut als auch schlecht handelt, aber niemals gut oder schlecht *ist*.
6. Bedenken Sie ganz im Gegensatz zur populären Anschauung, daß Sie zu anderen liebevoll sein können, ohne sich schuldig fühlen zu müssen, wenn es den anderen schlecht geht.
7. Finden Sie heraus, wie Sie von Ihren Fehlern lernen können, ohne sich wegen Ihrer Fehler zu verurteilen.
8. Seien Sie sich bewußt, daß Menschen oft Schuldgefühle in Kauf nehmen um Risiken zu vermeiden. Wenn Sie sich also schuldig fühlen, fragen Sie sich, was Sie vermeiden wollen.
9. Hören Sie auf, um die Anerkennung anderer Menschen zu buhlen und Ihre Selbstakzeptierung von der Akzeptierung durch andere abhängig zu machen.
10. Denken Sie daran, daß die Vergangenheit nicht mehr geändert werden kann. Sich zu verurteilen für etwas, was Sie getan

oder nicht getan haben, bedeutet daher reine Zeitverschwendung.

11. Wehren Sie sich gegen jede Person, die versucht, bei Ihnen Schuldgefühle zu erwecken. Machen Sie den Betreffenden darauf aufmerksam, daß er Sie manipulieren will.

7. Die „unglückliche“ Liebe

Im Bereich von Partnerschaft, Ehe, Liebe und Sexualität begegnen Menschen vielen Aktivierenden Ereignissen (A), die sie häufig zum Anlaß nehmen, sich schwere emotionale Störungen zuzufügen. Die amerikanische Psychologieprofessorin *Dorothy Tennov*[42] spricht in ihrer überaus lesenswerten Untersuchung zum Thema „Liebe und Verliebtsein“ sogar die Vermutung aus, daß viele scheinbare Unglücksfälle in Wirklichkeit unaufgeklärte Selbstmorde oder Selbstmordversuche aus Anlaß „unglücklicher“ Liebe seien. Die Dunkelziffer betreffend schwere emotionale Störungen aus diesem Anlaß ist möglicherweise so hoch, weil wir „Unglück“ im Zusammenhang mit Liebe häufig gleichsam schicksalshaft betrachten. Das heißt, wir sehen uns eher als Opfer der jeweiligen Situation oder des jeweiligen Partners und führen unsere psychischen Probleme auf diese zurück. Das ist natürlich der irrige A-C-Schluß[43], der übersieht, daß wir am Punkt B mit selbstschädigenden Gedanken über A einen Großteil unserer emotionalen Störungen (C) selbst verursachen. Die zentrale selbstschädigende Idee scheint hier mit der Selbstwertfrage zusammenzuhängen: wie sehr kann ich mich selbst akzeptieren.

Analyse —

Das Denkmuster des „neurotisch“ Liebenden

Der „neurotisch“ liebende Mensch *wünscht* sich nicht nur eine Liebesbeziehung, sondern er *fordert* oft in absolutistischer Weise,

1. daß er einen ungewöhnlich attraktiven Partner findet,
2. daß er in der Lage ist, diese Person sehr zu beeindrucken,

[42] vgl. Tennov, D. 1981. Limerenz – über Liebe und Verliebtsein.

[43] vgl. das Kapitel über das A-B-C des zufriedenen Lebens.

Info 2

3. daß ihn diese Person total, hingebungsvoll und ewig liebt,
4. daß er selbst diese Person nahezu ständig und intensiv liebt.

Eine Reihe weiterer, daraus abgeleiteter Forderungen können hinzukommen:

- z.B. daß die geliebte Person unabhängig (das heißt z.B. nicht bereits verheiratet) ist
- genügend Zeit mit ihm oder ihr verbringt
- ähnliche Meinungen und Wertvorstellungen vertritt
- eine ähnliche Lebensführung anstrebt
- die gleichen sexuellen Bedürfnisse hat etc.

Nochmals: wäre dieser „Forderungskatalog“ nur ein „Wunschkatalog“ – die Sache wäre in Ordnung.

Glaubt jedoch jemand, daß er all diese Ziele erreichen *müßte* oder *sollte*, dann ist diese Idee der Kern emotionaler Störung. Zur Illustration hier ein Therapieausschnitt mit einer intelligenten Frau, die eine lange Kette von „unglücklichen“ Liebesbeziehungen hinter sich hatte. Sie war überzeugt, keine befriedigende Beziehung mehr eingehen zu können und reagierte sehr deprimiert, ängstlich und feindselig.

K.: Ich sage Ihnen, ich habe immer Probleme bei längerdauernden Beziehungen gehabt. Deshalb glaube ich, daß ich gar keine befriedigende Partnerschaft mehr aufbauen kann. Das macht mich völlig depressiv.

T.: Langsam! Sie haben gerade einen magischen Sprung gemacht – von einer äußeren Situation zu einem inneren Gefühl. Soweit wir aber wissen, gibt es keine Magie im Universum und deshalb ist Ihre Annahme nicht gültig.

K.: Wie meinen Sie das?

T.: Nun, Sie sagen, daß ein Aktivierendes Ereignis am Punkt A – die Tatsache, daß Sie Probleme bei Ihren längerdauernden

Beziehungen hatten und nun glauben, daß Sie vielleicht keine entsprechende Partnerschaft mehr aufbauen können – ,daß also dies die Ursache für ein Gefühl in Ihrem Körper sei – also eine emotionale Konsequenz am Punkt C hervorrufe. Wie soll das gehen? Wie soll überhaupt irgendein Aktivierendes Ereignis, das Ihnen widerfährt, ein Gefühl in Ihrem Inneren hervorrufen? Dabei lassen wir mal physische Gewalt beiseite.

K.: Sie meinen also, daß A nicht zu C führen kann, daß mich also nichts zwangsläufig in schwere emotionale Probleme bringen kann?

T.: Genau. Selbst im Fall physischer Gewalt würden Sie unmittelbar nur physischen Schmerz empfinden. Erst dann würden Sie auf diesen Schmerz emotional reagieren. Sie sehen, nur Sie selbst können sich emotional beunruhigen. Dies geschieht durch Ihr System von Einstellungen am Punkt B.

K.: Aber was für Einstellungen sind denn das?

T.: Lassen Sie uns nachsehen. Welche vernünftigen und welche selbstschädigenden, irrationalen Gedanken gehen durch Ihren Kopf? Beginnen wir mit den vernünftigen Gedanken.

K.: Mit den vernünftigen Gedanken?

T.: Ja. Was denken Sie rationalerweise über das Aktivierende Ereignis, z.B.: „Bei längerdauernden Beziehungen habe ich große Probleme und das ist für mich...“. Nun, was ist es für Sie?

K.: Schrecklich!

T.: Aber das ist Ihr irrationaler, selbstschädigender Gedanke! Es ist schon erstaunlich, wie viele intelligente Menschen wie Sie ihre irrationalen und selbstschädigenden Gedanken für rationale halten und umgekehrt. Was für einen vernünftigen Gedanken hatten Sie vor Ihrem irrationalen Gedanken?

K.: Hm, ich weiß nicht recht..

T.: Nun, was sagt sich wohl so ziemlich jeder Mann bzw. jede Frau in Ihrer Situation: „Ich habe große Probleme bei längeren Beziehungen und das ist...“?

K.: Na ja, nicht schön.

T.: Genau! „Das ist gar nicht schön. Was für ein Pech!“ Würden Sie wirklich nur so denken, aber nicht, daß Sie unfähig für längere Beziehungen seien, wie würden Sie sich dann fühlen?

K.: Wahrscheinlich ziemlich traurig und enttäuscht.

T.: So ist es. Sie würden sich unglücklich, unbehaglich, traurig oder frustriert fühlen. Es ist ja auch wirklich sehr unerfreulich, wenn Sie solche Probleme haben. Ihre Frustration ist doch sehr angemessen: sonst hätten Sie doch gar keinen Grund, sich irgendetwas an Ihrer Situation anders zu wünschen. Nun fühlen Sie sich aber nicht nur frustriert, sondern...

K.: ...deprimiert, verzweifelt...

T.: ...also mit welchem selbstschädigenden Gedanken erzeugen Sie dieses unangemessene Gefühl, das Sie eher passiv macht und Ihnen nicht hilft, Ihre Wünsche zu realisieren?

K.: Warum nennen Sie das unangemessen?

T.: Ich habe es gerade schon angedeutet: Solange Sie frustriert oder traurig sind über Ihre Beziehungsprobleme, kann Sie das motivieren, etwas gegen diese Problematik zu tun, z.B. an sich zu arbeiten, um sich beziehungsfähiger zu machen, wenn hier ein Grund für Ihre Probleme liegen sollte. Aber eine depressive Verstimmung führt eher zu Passivität und Rückzug, zur Selbstisolation...

K.: Ja, das beobachte ich bei mir...

T.: ... deshalb sind depressive Gefühle selbstschädigend, also unangemessen. Suchen Sie weiter nach Ihrem irrationalen Gedanken.

K.: Nun...ich denke wohl, daß ich niemals zu einer dauerhaften Beziehung fähig sein werde.

T.: Ja, das ist eine irrationale, weil unbeweisbare Annahme. Beweisbar ist allenfalls, daß Sie keine guten Beziehungen hatten und daß Sie vielleicht schlechte Chancen für die Zukunft haben. Aber wie soll bewiesen werden, daß Sie auf keinen Fall mehr eine dauerhafte Beziehung aufbauen könnten?

K.: Hm, dafür gibt es wohl keinen Beweis – ich glaube, Sie haben recht.

T.: Aber Sie haben vorhin einen anderen selbstschädigenden Gedanken spontan geäußert, der mir noch viel wichtiger scheint. Erinnern Sie sich?

K.: „Wie schrecklich, wenn es so läuft!"

T.: Genau. Das meine ich. Und das ist der Hauptgedanke, der selbstschädigend ist: die Katastrophe, die Sie da konstruieren. Sie können nämlich durchaus vernünftig feststellen, daß Sie keine guten Beziehungen hatten und vielleicht auch in Zukunft keine haben werden. Aber nicht, daß dies eine Katastrophe sei! Zu glauben, etwas, was wir tun (oder auch nicht tun), sei das Schlimmste, was einem im Leben passieren könne, also eine Katastrophe, das ist irrational. Wissen Sie warum?

K.: Nein. Mir scheint es wirklich furchtbar! Vor allem der Gedanke, ich würde nie einen Mann finden!

T.: Aber alles, was Sie als furchtbar ansehen, wird Sie sich furchtbar fühlen lassen! So kommen Gefühle zustande: was wir sehr fest glauben oder denken, führt zu einem entsprechenden Gefühl. Das aber beweist nichts anderes als daß Sie ein Gefühl haben. Wieso jedoch *ist* es furchtbar, wenn Sie nie einen Mann finden würden?

K.: Tja – Ich weiß nicht recht.

T.: Ganz recht! Man kann es nicht wissen! Denn es ist eine magische, unbeweisbare Hypothese! Wenn Sie zu sich sagen: „Es ist entsetzlich oder fürchterlich, wenn ich keinen Mann finde", so sagen Sie damit erstens:

„Es ist nicht schön für mich." Das haben wir ja schon festgestellt! Und zweitens:

„Es ist mehr als 100% unschön oder schlecht für mich!" Aber wie ist das möglich? Kann irgendetwas, das mir passiert, mehr als 100% unschön oder schlecht für mich sein?

K.: Nun, wahrscheinlich nicht.

T.: Und es steckt noch mehr dahinter: wenn Sie ein Ereignis entsetzlich nennen, so meinen Sie damit

1. „Es ist nicht wünschenswert“ und
2. „Weil es nicht wünschenswert ist, sollte es nicht existieren!“

Gibt es aber im Universum etwas, das – nur weil es für Sie nicht wünschenswert ist – daher nicht sein dürfte oder sollte?

K.: Kaum, wenn es schon mal existiert.

T.: Jetzt sehen Sie es. Was ist, ist! Egal also auch wie unerfreulich eine Zeit ohne Beziehung für Sie ist, wenn es passiert, so passiert es. Dann hilft es nichts und ist Unsinn, zu fordern, daß es nicht passieren sollte.

K.: Und Sie meinen, wenn ich mein Katastrophendenken aufgebe und die Wirklichkeit akzeptiere – daß ich dann emotional nicht so belastet wäre, wenn mich Männer zurückweisen oder ich auf lange Zeit keine gute Beziehung mehr hätte?

T.: Ja, ganz sicher. Aber es wäre unrealistisch, anzunehmen, daß Sie überhaupt nicht mehr emotional belastet wären. Sie werden sich immer noch ziemlich traurig, enttäuscht und unglücklich fühlen. Aber Sie werden sich nicht mehr depressiv machen. Sie werden aus Ihrer Frustration heraus eher motiviert sein, den unerfreulichen Zustand zu überwinden.

K.: Nun, ich glaube, ich versuche es an diesem Wochenende mal wieder, auszugehen.

T.: Sehr gut. Lassen Sie uns einen Plan erstellen, was Sie in den nächsten Wochen unternehmen können...

8. Sexualität: Mit Verstand lieben

Auf den ersten Blick erscheint die in der Kapitelüberschrift ausgesprochene Empfehlung vielleicht manchem Leser merkwürdig. Ist Sexualität nicht vom Verstand unabhängig?

Hat nicht Sigmund Freud die menschliche Psyche in drei voneinander unabhängige, ja widerstreitende Instanzen eingeteilt: das Es, das Ich und das Über-Ich, wobei das Es die menschliche Triebsphäre, also auch den Sexualtrieb, und das Ich die Vernunft repräsentiert?[44]

Und scheint nicht Sexualität zur Welt der Gefühle zu gehören, die vom Verstand (leider – wie manche seufzen, Gott sei Dank – wie andere meinen) unbeeinflußt bleibt?

Schon Alfred Adler, dieser zu Unrecht so oft nur als *Schüler* Freuds bezeichnete große Tiefenpsychologe, der doch in Wirklichkeit einen eigenständigen tiefenpsychologischen Ansatz entwickelte, wandte sich gegen die oben skizzierte Freud'sche Aufspaltung der menschlichen Psyche in drei Bereiche und zog eine ganzheitliche Betrachtungsweise vor[45]. Die Erkenntnisse der modernen Psychologie und Sexualforschung weisen in die gleiche Richtung.

Wie Sie im Fortgang dieses Buches bereits gesehen haben, ist die Trennung von Gefühl und Verstand eine vollkommen künstliche und der Realität nicht entsprechende Beschreibung. Kein Mensch fühlt, ohne zu denken, wie wir auch häufig fühlen, wenn wir denken. In Wirklichkeit *fühlen wir wie wir denken* und unsere Gefühle beeinflussen wiederum unser Handeln und Denken (vgl. Abb. 6).

---

[44] vgl. hierzu Pongratz, Ludwig J. 1983. Hauptströmungen der Tiefenpsychologie.

[45] Adler, Alfred. 1975. Menschenkenntnis.

Theorie

Was beinhaltet Sexualität?

Zunächst einmal

1. eine Vielzahl von sexuellen Verhaltensweisen, oft, aber nicht immer begleitet von starken Emotionen.

Dann

2. eine spezifische Form physiologischer Erregung: der sexuellen Erregung.

Und schließlich

3. eine Unzahl möglicher kognitiver Inhalte, d.h. von Gedanken mit sexuellem Inhalt.

Probleme im Zusammenhang mit Sexualität können den oben genannten drei Bereichen zugeordnet werden. Manche Menschen z.B. zeigen sexuelle Verhaltensweisen, die von anderen oder von ihnen selbst verurteilt werden. Immer noch wagen viele homosexuelle Menschen nicht, sich offen zu ihrer Sexualität zu bekennen. Andere sexuelle Verhaltensweisen sind noch stärker tabuisiert und werden von den „Betroffenen" dementsprechend „geheimgehalten". In der Regel verhindern solche Probleme – solange ungelöst – eine relativ glückliche Lebensführung.

Ein anderes Problem im Zusammenhang mit Sexualität betrifft (scheinbare) mangelnde sexuelle Erregung oder Funktionsstörungen im physiologisch gesteuerten Ablauf von Sexualität. Gemeint sind Probleme wie Impotenz oder Frigidität.

Es ist gesicherte Erkenntnis der Sexualpsychologie, daß nur ein geringer Prozentsatz sexueller Funktionsstörungen primär physiologisch bedingt ist. In der weitaus überwiegenden Zahl der Fälle kann mangelnde sexuelle Erregung auf buchstäblich asexuelle Gedanken zurückgeführt werden. Es gilt daher:

Leitsatz — **Denken und sexuelle Erlebnisfähigkeit sind eng verbunden**

In der Regel sind *Angst-* und/oder *Schuldgefühle* für mangelnde sexuelle Erregung verantwortlich. Diese Angst- und/oder Schuldgefühle aber resultieren aus *absolutistischen Forderungen* (an sich oder den Partner) und *abwertenden Gedanken* (Selbstabwertung und/oder Abwertung des Partners).

Behandlung einer Sexualstörung

Der folgende Fall zeigt, wie man mit Hilfe der REVT seine selbstschädigenden Denkmuster, die zu sexuellen Problemen führen, überwinden kann. Es handelt sich um einen 24 Jahre alten Mann, der wegen „Erektionsstörungen" meine Praxis aufsuchte.

T.: Wann tritt das Problem auf?

K.: Praktisch immer, wenn ich mit einer Frau zusammen bin – seit zwei Jahren.

T.: Mit Ihrer Freundin?

K.: Ja, die ich seit einem Jahr kenne. Aber es war auch davor mit einigen Bekanntschaften so.

T.: Ich verstehe. Können Sie denn sonst eine Erektion haben?

K.: Ja, wenn ich onaniere ist das kein Problem.

Diese Situation ist sehr verbreitet bei Männern mit sogenannten Erektionsstörungen. Sie haben überhaupt keine Probleme, eine Erektion zu bekommen, wenn sie „alleine" sind – sei es bei der Selbstbefriedigung oder morgens beim Aufwachen etc.

T.: Nur wenn Sie Sex mit einem Partner haben wollen – mit Ihrer Freundin.

K.: Genau. Das macht mich ja so fertig. Vor allem jetzt mit meiner Freundin – denn das ist eine Beziehung, an der mir schon recht viel liegt.

T.: Sind Sie recht niedergeschlagen jetzt?

K.: Ganz fertig, ja.

Wie so oft hat auch dieser Klient zwei Probleme. Problem Nr.1 ist die Schwierigkeit mit seiner Erektionsfähigkeit und Problem Nr.2 die Angst vor den Konsequenzen (z.B.daß ihn seine Freundin verläßt) oder die Depression aus Anlaß der Erektionsprobleme. Das Problem Nr. 2 wird allerdings häufig nur sehr unklar gesehen, da die Klienten ihr Erektionsproblem als *Ursache* für ihre Sorgen und Depressionen sehen (Aktivierendes Ereignis führt unmittelbar zu emotionalen Konsequenzen: der falsche A-C-Schluß).

Verständlicherweise sind sie natürlich zunächst vor allem daran interessiert, daß ihnen der Therapeut einen Weg zeigt, wie sie ihre „Potenz“ wieder erlangen können. Damit – so glauben sie – würde sich das gesamte Problem von selbst erledigen.

Sehen wir uns zum besseren Verständnis die Struktur des Problems an:

Analyse — **Problem und Metaproblem einer Sexualstörung**

1. ABC	**2. ABC** (Problem über das Problem/ Metaproblem)
A Situation: Sexueller Partnerkontakt	
B selbstschädigendes Denkmuster	
C Angst und Erektionsschwierigkeiten	
C *wird zu neuem* ⟶	**A** (= C des 1. ABC !)
	B selbstschädigendes Denkmuster
	C Depression, neue Ängste

Wir erkennen, daß die emotionalen und behavioralen (= verhaltensbezogenen) Konsequenzen (= C des 1. ABC) zum A (= Aktivierenden Ereignis) des 2. ABC werden.

Wenn der Klient nun einfach seine Erektionsschwierigkeiten los werden will, so versucht er eine Änderung des A (=Aktivierendes Ereignis aus dem 2. ABC) zu erreichen. Eine solche Lösungsstrategie wird von Ellis'schen Rational-Emotiven Verhaltenstherapeuten gelegentlich als „unelegante" Lösung bezeichnet. Wir können darüberhinausgehend sogar von einer ineffektiven Lösung sprechen: Solange der Klient nämlich sein Metaproblem (= das 2. ABC, das Problem über das Problem) nicht bearbeitet, besteht wenig Aussicht auf Lösung des Ausgangsproblems (= 1. ABC, die Erektionsschwierigkeiten).

Leitsatz — **Das 2. ABC blockiert die Lösung des 1. ABC**

Dies ist eine wesentliche Erkenntnis der Rational-Emotiven Verhaltenstherapie. Der Klient gibt besser seine ineffektive Lösungsstrategie auf, die lautet:

„Mein Penis muß immer erigieren, wenn ich das will (egal, ob ich Ängste und Depressionen habe)!"

Damit ist das Ziel einer („eleganten") Sexualtherapie neu zu fassen:

Strategie — **Das Ziel der eleganten Sexualtherapie**

Reduzierung der emotionalen Störung des Klienten

Natürlich haben viele Klienten zunächst Einwände, so auch der Klient im vorliegenden Fall:

K.: Ja, aber es ist doch ganz normal, daß ich so depressiv und ängstlich reagiere. Das kommt doch nur, weil ich keine Erektion bekommen kann.

T.: Ja und nein. Richtig ist, wenn Sie nie Erektionsprobleme bekommen hätten, so hätten Sie keine Depression (jedenfalls über diese Sache) und keine neuen, verstärkten Ängste entwickelt. Falsch ist aber, daß Sie glauben, Sie müßten sich depressiv und ängstlich fühlen, wenn Sie Erektionsschwierigkeiten haben. In Wirklichkeit müssen Sie sich nicht depressiv fühlen, selbst wenn Sie nie wieder eine Erektion haben würden (was ja bei Ihnen nicht zutrifft, wie wir wissen).

K.: Was wollen Sie mir da einreden? Ich komme doch zu Ihnen, damit Sie mir helfen, daß ich wieder mit meiner Freundin Sex haben kann...

T.: Sie meinen, Sex im Sinne von Einführen Ihres Penis...

K.: Ja.

T.: Ich verstehe Sie gut. Aber ich will Ihnen erklären, daß ich Ihnen aus gutem Grund ein etwas anderes Therapieziel vorschlage...

K.: ...nicht das Ziel, daß mein Penis wieder „funktioniert"?

T.: Nein, nicht in erster Linie! Ich möchte Ihnen einen Weg zeigen, wie Sie einigermaßen zufrieden leben können, egal ob Sie mit Ihrer Freundin auf diese Weise Sex machen können oder nicht – wegen Ihrer Erektionsschwierigkeiten.

K.: Aber wenn ich keine Erektionsschwierigkeiten hätte, würde ich ja zufrieden leben.

T.: Und wenn sich Ihre Schwierigkeiten nie bessern würden?

K.: Dann könnte ich jedenfalls niemals zufrieden leben!

T.: Nehmen wir mal an: ein anderer Klient kommt zu mir, weil er aus organischen Gründen, aufgrund einer Krankheit oder eines Unfalls zum Beispiel, keine Erektionen mehr haben könnte. Sind Sie der Meinung, dieser Klient sei dazu verdammt, ein unglückliches Leben zu führen? Sodaß er eigentlich bei mir gar keine Hilfestellung erhalten könnte in dem Sinne, daß wir einen Weg suchen könnten, wie der Betreffende trotz seiner Erektionsunfähigkeit noch ein relativ zufriedenes Leben führen könnte?

K.: Nun, natürlich – in so einem Fall müßte sich der Betreffende damit abfinden und sein Handikap irgendwie akzeptieren, sonst wäre er sicherlich ewig depressiv. Aber so ist das doch bei mir gar nicht. Ich habe keine körperliche Erkrankung. Ich bekomme ja auch Erektionen – außer beim Sex mit meiner Freundin. Das macht mich doch so fertig!

T.: Ja, bei Ihnen haben wir ein psychologisches Problem. In unserem Beispiel hatten wir eine organische Ursache. Aber im Endresultat kann keiner von Ihnen beiden eine Erektion haben, oder?

K.: Ja, ja, schon...

T.: Und wenn nun die psychologischen Gründe für Ihr Erektionsproblem dazu führen würden, daß Sie keine Besserung erwarten könnten, wären Sie dann nicht in der gleichen Situation wie unser organisch Kranker? Wäre es dann nicht besser, daß auch Sie Ihr „Handikap" akzeptierten und nach Wegen suchten, wie Sie dennoch relativ zufrieden leben könnten?

K.: Na ja, wenn ich es so sehe: Wahrscheinlich.

Auch wenn der Klient an diesem Punkt verhältnismäßig schnell zustimmmt, zeigt die therapeutische Praxis, daß Klient und Therapeut in diesen Fällen in der Regel noch ein hartes Stück Arbeit zu leisten haben.

Das zentrale Ziel dieser Arbeit besteht darin, die Idee abzulegen, daß es *unmöglich* sei, ein relativ zufriedenes Leben zu führen, solange die sexuelle Störung existiert, und daß daher

- die sexuelle Störung eine *Katastrophe* sei, d.h. das Schlimmste (und noch ein *magisches* Stückchen mehr als schlimm), was einem geschehen könne,
- die Störung völlig *unerträglich* sei

- und daher eine sofortige Beseitigung der Störung erfolgen *müsse*.

Denn solange diese Einstellungen das Denken beherrschen, wird der Klient immer unter Ängsten leiden, die ein befriedigendes Sexualleben schwer stören können.

9. Beziehungskonflikte und Partnerprobleme lösen

9.1 Die Störung und das System

Es ist eine häufig anzutreffende Ansicht, daß Partnerprobleme weniger auf psychische bzw. emotionale Probleme der *einzelnen Partner*, als vielmehr auf eine Beziehungsstörung („das System") zurückzuführen seien. Wir treffen auf diese Meinung z.B. im Alltag, wenn die offensichtlichen Streitereien eines Ehepaares von der Umgebung als Ausdruck „mangelnder Zuneigung oder vielleicht sexueller Schwierigkeiten" gedeutet werden. Aber auch die moderne Kommunikationspsychologie und Familientherapie betont oftmals die Probleme des *Systems* (in unserem Falle also des Paares) mehr als die Probleme der Partner. Demzufolge ist es für viele Therapeuten geradezu ein „therapeutisches Muß", die Behandlung der Partnerprobleme in Anwesenheit *beider Partner* durchzuführen. Der Therapeut kann auf diese Weise den Umgang der Partner miteinander – ihre Kommunikation – beobachten und eventuelle Kommunikationsstörungen bewußt machen. Dies ist ein durchaus bemerkenswerter Behandlungsansatz, der auch von REVT-Therapeuten zu gegebener Zeit teilweise verfolgt wird.

Allerdings übersieht diese Sichtweise manchmal, daß Partnerprobleme sehr häufig in starken emotionalen Problemen eines der beiden Partner oder auch beider Partner angelegt sind, und zwar unabhängig voneinander. Mit anderen Worten: Obwohl das Paar sich liebt und sexuell harmoniert, wird die Beziehung durch psychische Probleme der Partner gefährdet, die diese in der Regel *schon in die Beziehung mit eingebracht haben*, die also sozusagen weitgehend unabhängig von der Beziehung existieren. Aus diesem Grunde arbeitet der REVT-Therapeut in vielen Fällen so, daß er die Probleme des einzelnen Partners mit diesem angeht, wobei der andere Partner jeweils nur die Zuschauerrolle hat und umgekehrt bzw. zunächst manchmal auch nicht in Behandlung ist.

Die folgenden Therapieausschnitte illustrieren diese Vorgehensweise. Sie stammen von einem kinderlosen Ehepaar in den Dreißigern. Beide Partner sind berufstätig und leben in guten finanziellen Verhältnissen. Sie sind seit über 15 Jahren miteinander verheiratet.

T.: Und Sie ärgern sich oft?

K.: (Der Klient ist hier der Ehemann) Ja, ich bin ziemlich oft wütend auf meine Frau.

T.: Wann zum letzten Mal?

K.: Am Sonntag, also gestern.

T.: Was hat Ihre Frau denn am Punkt A, dem Auslösenden Ereignis, getan? Was tat sie, bevor Sie sich ärgerten?

K.: Sie hat sich wieder geweigert, mit spazieren zu gehen, ich meine, wir hatten vor, mit einem befreundeten Paar am Nachmittag spazieren zu gehen. Aber dann wollte sie nicht mitgehen. Das passiert dauernd. Wenn es nach ihr ginge, hätten wir keine Bekannten mehr.

T.: Und darüber werden Sie wütend?

K.: Ja, in letzter Zeit immer mehr – ich mach das nicht mehr mit! Ich brauche Kontakte!

T.: Ich verstehe. Sie tut also etwas am Punkt A. Sie bleibt zuhause.

K.: Ja.

T.: Sie zieht sich zurück von anderen Leuten?

K.: Ja. Genau.

T.: Also wir kennen jetzt A, das Aktivierende Ereignis: das „Sich-Zurückziehen“, das „Nicht-Mitmachen“ Ihrer Frau. Und wir kennen C, Ihre emotionale Konsequenz: Sie waren wütend. Was haben Sie dann getan?

K.: Ja, ich habe ihr Vorwürfe gemacht, sie beschimpft – dann hat sie angefangen zu weinen, dann war mir der ganze Sonntag vermiest. Oft sprechen wir dann zwei, drei Tage kaum miteinander. Wirklich beschissen!

T.: Okay. Nun, was ist Ihnen denn am Punkt B, Ihrem Einstellungssystem, durch den Kopf gegangen, um so ärgerlich zu werden? Was sagten Sie zu sich über den Umstand, daß Ihre Frau nicht mitgehen wollte, um sich so wütend zu machen?

K.: Nun, ich sagte mir: „Das Leben mit dieser Frau bringt mir nichts. Ich möchte kein Einsiedlerleben führen...Ich hab ein Recht auf mehr!" So ungefähr, wissen Sie.

T.: Also sehen wir uns das genau an: der erste Teil Ihres Selbstgespräches führt nicht zu Ärger („Das Leben mit dieser Frau bringt mir nichts. Ich möchte kein Einsiedlerleben führen.") Das ist nur eine Beschreibung eines Zustandes, den Sie *nicht mögen*. Lassen wir jetzt mal außer Betracht, ob Ihre Beschreibung so ganz richtig ist. Ihre Frau könnte mir eine andere Beschreibung geben...

K.: ...wird sie bestimmt

T.: Ja. Nehmen wir aber ruhig an, Sie haben die Wirklichkeit ziemlich genau beschrieben – das allein führt aber nicht automatisch zu Wut und Ärger! Sie haben eine Alternative. Sie könnten sich z.B. sagen: „Wie schade ist das! Ich werde mir eine andere Partnerin suchen, wenn sie sich nicht ändert." Wie würden Sie sich fühlen, wenn Sie *nur das* zu sich sagten?

K.: (überlegt) Wahrscheinlich ziemlich traurig.

T.: Richtig. Nun, ich will damit nicht sagen, daß dies die einzige Lösung Ihres Problems darstellt. Ich will Ihnen nur zeigen, daß ein solches inneres Selbstgespräch nicht zu Wut und Ärger führt. Sehen Sie das?

K.: Ja.

T.: Sie beschreiben nur einen Zustand und fügen eine *vernünftige Bewertung* an: „Ich *mag nicht* ohne Kontakte zu anderen Menschen sein, ich *mag nicht*, wenn sie sich so zurückzieht." Wie fühlen Sie sich, wenn Sie *nur das denken*?

K.: Ja, ich würde wohl nicht so außer Fassung geraten.

T.: Genau. Und Sie würden sich wahrscheinlich etwas frustriert und traurig fühlen.

Der Ärger des Ehemannes (C) über seine Frau setzt in unserem Beispiel an dem „kontaktscheuen“ Verhalten der Ehefrau (A) an. Aber es ist wichtig, zu erkennen, daß Ärger im Prinzip anläßlich jeder Meinungsverschiedenheit entstehen kann. Der REVT-Therapeut zeigt dem Klienten, daß zwischen dem, was seine Frau tut (oder nicht tut), und dem, wie der Klient sich fühlt, der wichtige Filter der Einstellungen des Klienten liegt. Einige Einstellungen sind vernünftig, weil sie sich belegen lassen und zu angemessenen Gefühlen führen: Trauer, Enttäuschung, Frustration etc. So wie viele Menschen fügt der Klient seinen vernünftigen Einstellungen aber auch noch sein selbstschädigendes, Wut erzeugendes Denkmuster hinzu.

T.: Sehen wir uns nun den zweiten Teil Ihres inneren Selbstgespräches an: Neben Ihrer Feststellung, daß das Verhalten Ihrer Frau für Sie unangenehm ist, sprechen Sie davon, daß Sie „*ein Recht* auf mehr“ hätten. Können Sie sehen, inwiefern diese Aussage irrational und selbstschädigend ist?

K.: Vielleicht weil ich damit sage: „Sie *sollte* sich nicht so zurückziehen. Sie *sollte* sich nicht auf diese Weise verhalten.“

T.: Richtig. Sie *fordern*, daß Ihre Frau das tut, was Sie *gerne hätten*. Sie *fordern*, daß *sein soll*, was für Sie *von Vorteil* wäre. Dieses Denkmuster führt zu Wut über Ihre Frau. Wenn Sie also Ihren Ärger reduzieren wollen, so können Sie zu D übergehen, zur Disputation dieses selbstschädigenden und irrationalen Denkmusters. Sie könnten sich fragen: „Warum *darf* sich meine Frau nicht auf eine Weise verhalten, die ich nicht mag?“

K.: Warum sie nicht *darf*?

T.: Ja, warum *darf* sie nichts tun, was Sie nicht mögen?

K.: Tja, ich meine, sie könnte sich doch etwas zusammennehmen und etwas auf mich Rücksicht nehmen.

T.: Sie könnte vielleicht. Aber hat sie es getan? Und vor allem: *muß* sie?

K.: Nun, ich tue doch auch sehr viel für sie.

T.: Sie halten ihr Verhalten für unfair?

K.: Ja, in meinen Augen sehr unfair.

T.: Aber wo steht geschrieben, daß sie sich fair verhalten *muß*, nur weil Sie es gerne so hätten? Warum *sollte* sie sich nicht unfair verhalten? Warum *darf* sie nicht so sein?

K.: Genau genommen gibt es keinen Grund, daß sie nicht so unfair sein *darf*. Rein logisch.

T.: „Es gibt rein logisch eigentlich keinen Grund, daß sie nicht unfair sein *darf*. Aber das *Miststück sollte verdammt nochmal* fair sein. Ich bin es auch!" So denken Sie doch, oder?

K.: (lachend) Ja, ich nehme doch auch Rücksicht, das kann ich Ihnen sagen!

T.: Sie sind rücksichtsvoll – und das bedeutet *was* für Sie?

K.: ..daß sie auch Rücksicht nehmen *muß*, ja.

T.: Sehe Sie das? Sie ziehen in Ihrem Denken einen unhaltbaren Schluß: „*Weil* ich rücksichtsvoll bin, *muß* auch sie Rücksicht nehmen und sich anders verhalten." Der erste Teil Ihres Gedankens hat nichts mit dem zweiten Teil zu tun. Selbst wenn Sie ein rücksichtsloser Ehemann wären, so könnte man es immer noch als unfair ansehen, wenn Ihre Frau sich so zurückzieht wie sie es tut. Andererseits – selbst wenn Sie der rücksichtsvollste und verständigste Ehemann der Welt wären – *muß* sie sich deswegen auch fair zu Ihnen verhalten? Aber betrachten wir die Sache jetzt mal so: Können Sie mir Gründe nennen, warum das Verhalten Ihrer Frau für Sie *unangenehm*, von Nachteil, dumm oder unsinnig ist?

K.: Ah ja doch, eine Menge!

T.: Gut. Aber wie folgt aus auch nur einem dieser Gründe, daß Ihre Frau sich anders verhalten *sollte* oder *müßte* als sie es tut?

K.: Ja, ich sehe. Es gibt dafür keinen vernünftigen Grund.

T.: Schön. Aber das klingt noch ziemlich wenig überzeugt und überzeugend. Es gibt wirklich keinen Grund, daß Ihre Frau sich anders verhalten *muß*. Im Gegenteil: in Wirklichkeit *mußte* sie sich so verhalten. Wissen Sie warum?

K.: Sie *mußte* sich so verhalten? Nein, wieso?

T.: Weil sie sich so verhalten *hat*! Das war die Art Ihrer Frau. Es muß schneien, wenn es schneit. Oder muß es nicht? Alles was geschehen ist, mußte so geschehen, alle nötigen Bedingungen waren zu diesem Zeitpunkt für dieses Ereignis gegeben.

K.: Nein, sie könnte sich doch anders verhalten..

T.: Sie könnte – in Zukunft! Folgt daraus, daß sie *muß*?

K.: Nein....ich sehe es jetzt.

T.: Lassen Sie uns das betonen. Sie haben die freie Entscheidung, ob Sie sich in Zukunft über das Verhalten Ihrer Frau in Wut bringen wollen oder nicht. Dazu ist nötig, daß Sie Ihr inneres Selbstgespräch nach Ihren *Forderungen*, Ihren „*Muß-Annahmen*", „*Sollte-Sätzen*", „*Darf-Nicht*"-Gedanken durchsuchen und durch vernünftige, hilfreichere Überlegungen ersetzen. *Erst danach* wird es auch sinnvoll sein, praktische Lösungen ausfindig zu machen.

Um einem möglichen Mißverständnis vorzubeugen: Es geht nicht darum, daß wir frustrierende Situationen und Zustände einfach nur akzeptieren, sondern daß wir lernen, unsere emotionalen Blockaden (Wut, Ärger und andere unangemessene Gefühlszustände) zu beseitigen oder abzubauen, um in unseren Bemühungen auf Änderung der jeweiligen schwierigen Situation erfolgreicher sein zu können: Z.B. könnte der Klient Bekannte und Freunde einladen (das ist eine einfache Lösung) oder sich von seiner Frau trennen (das wäre eine schwierige Lösung). Die Partner könnten auch lernen, wie Kompromisse geschlossen werden. Einer der häufigsten Gründe dafür, warum Partner so selten erfolgreiche Kompromisse schließen, besteht in den emotionalen Blockaden der beiden Partner. Der Ehemann sieht nur einen Weg, um seine emotionale Blockade abzubauen. Wie steht es mit der Ehefrau? Hören wir in einen Abschnitt ihrer Therapie hinein:

T.: Ihr Mann beklagt, daß Sie sich oft stark zurückziehen und jeden Kontakt mit Nachbarn und Freunden scheuen, sodaß Sie beide sehr isoliert seien.

K.: Ja, ich weiß. Es kommt deswegen zu viel Streitereien zwischen uns. In letzter Zeit haben wir schon an Trennung gedacht.

T.: Möchten Sie sich von Ihrem Mann trennen?

K.: (weint) Nein, auf keinen Fall. Ich denke, daß wir uns ja eigentlich lieben.

T.: Beschreibt Ihr Mann die Situation annähernd richtig? So wie ich es Ihnen gerade wiedergab? Stimmen Sie dem zu?

Die Frage des Therapeuten zielt darauf ab, herauszufinden, ob die Realitätsbeschreibung des Ehemannes annähernd mit derjenigen der Ehefrau übereinstimmt. Dies geschieht nicht zu dem Zweck, damit der Therapeut bei Nichtübereinstimmung die Sichtweise *eines* Partners favorisiert und versuchen kann, den anderen Partner auf diese Realitätsbeschreibung „hinzutrimmen". Rational-emotive Verhaltenstherapeuten sehen es nicht als ihre vornehmliche Aufgabe an, zu entscheiden, ob die Wahrnehmungen und Beschreibungen ihrer Klienten „wahr" oder „verzerrt" sind. Wenn aber Übereinstimmung in der Wahrnehmung besteht, so ist damit die Frage geklärt, ob ein Partner überhaupt die Bedürfnisse des anderen Partners kennt. Es kann dann zur Klärung der Fragen kommen, ob ein Partner die ihm bekannten Bedürfnisse des anderen Partners erfüllen *kann* und will.

K.: Ja, es stimmt schon, daß ich mich sehr zurückziehe.

T.: Was denken Sie über Ihr „Sich-Zurückziehen"?

K.: Ich finde die Leute, z.B. unsere Nachbarn, einfach nicht so toll. Die haben so eine Art drauf, daß die einen immer irgendwie hänseln. Mein Mann merkt das nicht oder will es nicht wahr haben.

Im weiteren Verlauf der Therapie ergab sich, daß der Ehemann diese „Hänseleien" durchaus nicht als ernst und bösartig, sondern als humorvolle Interaktionen verstand. Er fühlte sich keineswegs gehänselt und wollte auch nicht zustimmen, daß seine Frau gehänselt würde. Auch hier war es nicht nötig zu entscheiden, ob die Sichtweise der Frau, daß sie und ihr Mann verspottet und gehänselt würden, richtig sei.

Vielmehr akzeptierte der Therapeut den (vorläufigen) Standpunkt der Frau und arbeitete mit ihr daran, inwiefern diese Hänseleien (am Punkt A = Aktivierendes Ereignis) für sie ein Problem (am Punkt C = emotionale Consequenz) darstellten. Es ergab sich, daß die Frau unter starken Ängsten vor Ablehnung und unter schweren Minderwertigkeitsgefühlen litt, die ihre Menschenscheu vollständig erklärten. Mit fortschreitender Therapie konnte die Klientin ihre Ängste jedoch zunehmend abbauen und im Umgang mit anderen Menschen risikofreudiger werden. Diesen Veränderungsprozeß konnte der Ehemann dadurch unterstützen, daß er seinerseits lernte, das Verhalten seiner Frau zunächst ohne Wut und Ärger zu tolerieren. Schließlich waren beide Seiten in der Lage, das Problem auf dem Wege des Kompromisses zu bewältigen, d.h. die Außenkontakte des Ehepaares waren geringer als es den Wünschen des Ehemannes entsprach, aber häufiger als sie aus dem Bedürfnis der Ehefrau heraus zustande kommen würden. Beide Seiten akzeptierten diesen Modus vivendi und stellten ihre Zuneigung und ihr Zusammenleben nicht mehr grundsätzlich in Frage.

9.2 Die rational-emotive Psychologie der Beziehungskonflikte

Beziehungskonflikte erscheinen in der psychotherapeutischen Praxis (und natürlich erst recht in Familien – und Eheberatungsstellen) hauptsächlich als Familien- und Ehekonflikte. Die rational-emotiven Konfliktlösungsstrategien sind aber genauso anwendbar, um Beziehungen zwischen Freunden, Arbeitskollegen, ja auch größeren Gruppen zu analysieren und zu verbessern.[46] Im traditionellen Bereich der Ehe- und Familientherapie beginnen alle Überlegungen mit dem Begriff der Liebe.

[46] vgl. Ellis, A. (1996)

Analyse —

Was ist Liebe?

Eine rational-emotive Antwort könnte lauten:

Liebe ist das tiefe Gefühl, das eine Person für jemanden empfindet, von dem sie glaubt, daß der- oder diejenige seine bzw. ihre wesentlichen Bedürfnisse und Wünsche erfüllt.
Aber welches sind diese Wünsche und Bedürfnisse?
Man könnte sie mit Paul Hauck [47], einem bekannten Rational-Emotiven Verhaltenstherapeuten und Erfolgsautor in den USA, in acht Kategorien unterteilen:

1. **Sex:**
   Wie oft und wie? Besteht Einigkeit darüber?

2. **Finanzielle/wirtschaftliche Aspekte:**
   Einige bevorzugen getrennte Kasse, andere wirtschaften „aus einem Topf".
   Manche wollen sparsam leben, andere wollen „das Leben genießen".

3. **Kinder:**
   Bestehen grundsätzlich gemeinsame Vorstellungen über die Fragen, ob man Kinder hat und wie diese zu erziehen sind?

4. **Verwandschaft:**
   Wie stark wollen die Partner ihre Verwandten in das Familienleben einbeziehen? Welche „Einmischungen" der Verwandten sollen zulässig sein?

5. **Arbeit:**
   Besteht Übereinstimmung, wieviel Zeit jeder seiner Arbeit widmen kann? Bestehen gemeinsame Vorstellungen über das Maß an erwünschter „Karriere" etc.?

[47] Hauck, P. 1986. Innovations in Marriage Counseling. In: Journal of Rational-Emotive Therapy, Vol.4. No.1.

6. Soziale Kontakte:
Manche mögen ein reges soziales Leben, andere beschränken sich eher auf Zweisamkeit (vgl. die vorhergehende Fallgeschichte).

7. Religion:
Wie sehr sollen religiöse Lebensanschauungen und religiöses Leben in der Familie verbindlich sein und praktiziert werden?

8. Irritierende Gewohnheiten:
Zahlreiche irritierende, individualistische, egozentrische, „schlechte" Gewohnheiten können bei engem Zusammenleben problematisch werden.

9.3 Ist die Ehe (die Beziehung) harmonisch?

Scheint die Harmonie in der Beziehung einem oder beiden Partnern gefährdet, so können die folgenden Fragen des „Hauck-Kompatibilitäts-Testes"[48] die Analyse voranbringen.

Der Test

1) *Kennt und versteht* der Partner die Wünsche und Bedürfnisse des anderen?

   Würden die Partner also in bezug auf die zuvor genannten acht Bereiche eine gemeinsame Basis vorfinden oder bestünden sehr große Unterschiede?

2) Wenn die erste Frage mit JA beantwortet werden kann, so stellt sich die zweite Frage:

   Ist der Partner *fähig*, diese Wünsche und Bedürfnisse zu erfüllen?

[48] a.a.O.

Lautet die Antwort hier NEIN, so liegt wahrscheinlich ein ernster Beziehungskonflikt vor. Das Problem kann voraussichtlich nur gelöst werden durch

a) Trennung/Scheidung

b) Erhöhung der Frustrationstoleranz des Partners, dessen Bedürfnisse nicht erfüllt werden

c) Hilfe für den Partner, der die Wünsche und Bedürfnisse des anderen nicht erfüllen kann. Diese Lösung erfordert, daß die Frage 3 mit JA beantwortet wird und Hilfe überhaupt möglich ist.

3) Die dritte Frage lautet:

Angenommen, der Partner kennt die Wünsche und Bedürfnisse des anderen und ist in der Lage, sie zu erfüllen:

Will er das?

Haupthindernis für eine positive Beantwortung dieser dritten Frage sind in der Regel emotionale Blockaden wie Feindseligkeit und/oder Ängste.

Alle drei Fragen weisen, wenn jeweils mit NEIN beantwortet, auf Möglichkeiten therapeutischer Hilfestellung hin:

- Trennung/Scheidung bringt häufig ernste emotionale Belastungen mit sich.
- Erhöhung der Frustrationstoleranz ist eine wichtige therapeutische Aufgabe.
- Die Bearbeitung von Gefühlen der Feindseligkeit und von Ängsten weist auf bestehende Änderungsmöglichkeiten hin.

9.4 Die gestörte Beziehung: Was tun?

Aus dem Vorangehenden wird klar, daß es grundsätzlich nur vier Möglichkeiten gibt, wie sich eine gestörte Beziehung/Ehe entwickeln kann. Es sind dies folgende vier Möglichkeiten:

Toleranz ohne feindselige Gefühle

Nehmen wir zur Illustration ein Beispiel aus dem Bereich 8 des Hauck-Kompatibilitäts-Testes: In vielen Beziehungen kann man das Problem beobachten, daß die Partner eine unterschiedliche „Toleranzschwelle" gegenüber „Unordnung und Schmutz" im Haushalt mitbringen. Eine „hohe Toleranzschwelle" eines Partners, der also aus der Sicht des anderen Partners zu wenig auf Ordnung und Sauberkeit achtet, wird daher oft als „irritierende Gewohnheit" zum Problem. Lösung Nr.1 verlangt vom ersten Partner, daß er gegenüber der irritierenden Gewohnheit des zweiten Partners *Toleranz* übt, *ohne* gleichzeitig Gefühle des Ärgers und der Feindseligkeit zu entwickeln.

Protest

Die Proteststrategie kann gewählt werden, wenn jemand die erste Lösung für sich als nicht akzeptabel ansieht. Wir könnten sie auch als die Durchsetzungsstrategie bezeichnen. Hier würde der eine Partner auf die irritierenden Verhaltensweisen des anderen mit negativen Konsequenzen antworten. Wenn also der eine Partner in unserem Beispiel den Essenstisch mit seinen Arbeitsutensilien überhäuft hat und nicht aufräumt, so würde sich der andere Partner weigern, mit ihm zusammen zu essen etc. Die Proteststrategie verlangt unbedingt die *Kenntnis einiger Regeln*, ohne deren Beachtung schnell eine unerwünschte Eskalation eintritt, die die Beziehung erst recht gefährdet.

Regel 1:

Beachtung des sogenannten Verstärkungsprinzips. Wenn der Partner sich in erwünschter Weise verhält, dann belohnen Sie ihn dafür!

Regel 2:

Wenn der Partner sich in unerwünschter Weise verhält, so bleiben Sie *für eine gewisse Zeit* freundlich zu ihm. Sprechen Sie mit ihm über das, was „läuft". Weisen Sie ihn darauf hin, daß Sie nicht gewillt sind, das Verhalten „ewig" hinzunehmen.

Regel 3:
Wenn das unerwünschte Verhalten andauert, so beginnen Sie, negative Konsequenzen einzusetzen, d.h. Sie verhalten sich ebenfalls unfreundlich und abweisend, *aber ohne dabei ärgerlich zu werden und/oder Schuldgefühle zu bekommen.*

Meine Erfahrung zeigt, daß die Proteststrategie einige Fallen beinhaltet, die vermieden werden können, wenn der protestierende Partner in dieser Zeit auf die professionelle Beratung eines kompetenten Rational-Emotiven Verhaltenstherapeuten zurückgreifen kann.

Trennung/Scheidung

Trennung und Scheidung stellen für sehr viele Menschen ein Aktivierendes Ereignis dar, das eine Menge selbstschädigender Ideen aktiviert. Dies in Rechnung zu stellen und die entsprechenden selbstschädigenden Gedanken aktiv zu disputieren, ist daher sehr wichtig.

Erdulden mit feindseligen Gefühlen

Diese letztgenannte Möglichkeit ist die neurotische Lösung. Von den vier Möglichkeiten ist sie nämlich die einzige, die psychische Belastung nicht vermindert, sondern in der Regel vermehrt. Dennoch stellt sie leider die am meisten verbreitete „Lösungsstrategie“ dar.

Die anderen Lösungsstrategien sind alle mit den grundsätzlichen rational-emotiven Änderungsstrategien vereinbar. So erfordert Strategie Nr.1 die Entwicklung einer antikatastrophisierenden Einstellung und die Veränderung absolutistischer Forderungen. Auch die Proteststrategie ist nur sinnvoll, wenn der protestierende Partner *zugleich* Ärger reduzierende Einstellungen erlernt.

Vgl. auch Tafeln 5 und 6.

Analyse eines Beziehungsproblems

1. Kennt und versteht Partner die Wünsche und Bedürfnisse (vgl. die 8 Kategorien!) des anderen?

→ NEIN → Kommunikation zuwischen den Partnern fördern

→ JA → weiter zu 2.

2. Ist der Partner fähig, diese Wünsche und Bedürfnisse zu erfüllen?

→ NEIN (ernster Beziehungskonflikt)

Optionen:

1. Trennung (therapeutische Hilfe wichtig!)
2. Erhöhung der Frustrationstoleranz des Partners, dessen Bedürfnisse nicht erfüllt werden (therapeutische Hilfe wichtig!)
3. Hilfe für den Partner, der Bedürfnisse nicht erfüllen kann. Voraussetzung für 3: Hilfe überhaupt möglich und Frage 3 wird positiv beantwortet. (therapeutische Hilfe wichtig!)

→ JA weiter zu 3.

3. Will Partner Wünsche und Bedürfnisse des anderen erfüllen?

Haupthindernis hier häufig: emotionale Blockaden und feindselige Gefühle (therapeutische Hilfe wichtig)

Tafel 5: Analyse eines Beziehungsproblems

Entwicklungsmöglichkeiten gestörter Beziehungen

1. Toleranz ohne feindselige Gefühle
2. Protest (Durchsetzungsstrategie)
   Regeln beachten, um Eskalation zu vermeiden
3. Trennung
4. Erdulden mit feindseligen Gefühlen
   (neurotische „Lösung“)

Tafel 6: Optionen für gestörte Beziehungen

10. Emotionale Blockaden und Schwierigkeiten im Berufsleben

Da viele von uns einen beträchtlichen Teil ihrer Lebenszeit mit Beruf und Arbeit verbringen, resultieren natürlich aus diesem Bereich eine Fülle von emotionalen Problemen. Relativ zufrieden leben bedeutet daher auch, sich auf diese Probleme einzustellen. Die zwei verbreitetsten emotionalen Probleme aus der Berufswelt[49] sind:

1) Angst in bezug auf die Fähigkeiten, die der Beruf erfordert (häufig verbunden mit der Angst vor Arbeitsplatzverlust)
2) Ärger und Feindseligkeit gegenüber dem Chef, den Angestellten, den Mitarbeitern und Kollegen.

Beide emotionalen Probleme verhindern leicht, daß jemand sein Arbeitsleben als befriedigend empfindet. Anhand der nächsten beiden Fallbeispiele werden wir uns verdeutlichen, welche Einstellungen hier am Werk sind und wie man sie in Frage stellt.

10.1 Angst vor beruflichen Anforderungen

Im ersten Beispiel handelt es sich um eine junge Angestellte, die vordergründig unter sogenanntem Kontrollzwang leidet.

T.: Sie schreiben hier richtig auf Ihrem „Homework-sheet"[50] unter der Spalte **Unerwünschtes Verhalten**: „Kontrollzwang – ich prüfe abgeschlossene Akte mehrfach nach." Die darüber liegende Spalte **Unangemessenes Gefühl** ist aber leer.

K.: Ja, ich wußte nicht, was ich da schreiben soll.

Ein sogenannter Kontrollzwang bildet sich oftmals aus, ohne daß dem Betroffenen die emotionale Seite seines zwanghaften Verhaltens bewußt ist. Diese Unbewußtheit ist allerdings nicht dem Freudianischen Unbewußten gleichzusetzen, wonach aufgrund

[49] vgl. ausführlich zur Bewältigung der Probleme in der Arbeitswelt: Ellis, Schwartz & Jacobi, in Vorbereitung.

[50] New Yorker Selbsthilfe-Formular

von Verdrängungsprozessen der Klient ohne psychoanalytische Deutungsarbeit keine Chance hätte, sein Unterbewußtes zu erkennen. Dagegen haben Rational-Emotive Therapeuten gezeigt: Bei gezielter Fragestellung können Klienten leicht an ihre scheinbar fehlenden emotionalen Inhalte und selbstschädigenden Ideen herankommen.

T.: Nehmen Sie an, Sie würden am Ende Ihrer Arbeitszeit eine gerade abgeschlossene Akte ablegen, aufstehen und nach Hause gehen...

K.: Das kann ich nicht. Ich bleibe dann solange im Büro, bis ich alles nachgeprüft habe.

T.: Sie sagen: „Das kann ich nicht." Wollen Sie sagen, irgendjemand hält Sie zurück?

K.: Nein, ich meine, ich bringe es nicht fertig, einfach zu gehen.

T.: Gut, aber Sie könnten aufstehen und gehen – ich meine, Sie wären physisch dazu in der Lage? Was würde *geschehen*, wenn Sie sich dazu zwingen würden?

K.: Das hab ich schon versucht. Es war *furchtbar*. Den ganzen Abend habe ich daran gedacht, ob ich jetzt vielleicht einen schwerwiegenden Fehler gemacht habe. Es geht ja dabei um Dinge, die andere Leute betreffen. Von meiner Arbeit hängt da viel ab. Wenn ich was falsch mache, könnten andere darunter leiden.

T.: Ja. Wie haben Sie sich an diesem Abend gefühlt?

K.: Schrecklich.

T.: Was meinen Sie damit genau? Deprimiert? Wütend? Voller Schuldgefühle?

K.: Hm. Deprimiert eigentlich erst später, wütend nicht. Wütend fühle ich mich manchmal, wenn ich gezwungen Überstunden mache.

T.: Lassen wir das vielleicht vorläufig unbearbeitet. Wie haben Sie sich direkt an diesem Abend gefühlt?

K.: Ich war furchtbar unruhig, ja, ich glaube fast ängstlich.

Analyse

Kontrollzwang

Angst ist die Emotion, die häufig hinter sogenannten Kontrollzwängen steht. Das kontrollierende Verhalten dient der *Vermeidung von Angst*. Indem die Klientin ihre Tätigkeit am Ende ihrer Arbeitszeit wiederholt überprüft, vermeidet sie Ängste, die auftreten würden, wenn sie die Kontrolle unterließe. Häufiges Vermeidungsverhalten führt dazu, daß der Betroffene schließlich kaum noch den Grund für sein Verhalten kennt: die Angst. Es ist daher wichtig, daß Klienten diese ihrem Vermeidungsverhalten zugrundeliegende Motivation wieder verstehen lernen, um daran arbeiten zu können.

T.: Wovor hatten Sie Angst?

K.: Daß ich was falsch gemacht habe.

T.: Nun, nehmen wir an, Sie hätten einen Fehler gemacht, was würde *schlimmstenfalls* passieren?

Der Therapeut wendet die sog. Schlimmster-Fall-Methode an (vgl. Infokasten 9), um rasch auf die zentralen selbstschädigenden Bedeutungsmuster der Klientin zu stoßen.

K.: Ja, wie ich schon sagte, es könnte sein, daß z.B. jemand keine Unterstützung erhielte, weil ich seinen Antrag falsch bearbeitet habe.

T.: Und was würde das für Sie *bedeuten*?

Nun fragt der Therapeut nach der Bewertung[51], welche die Klientin dem „schlimmsten Fall" gibt.

K.: Ja, der Betreffende wäre vielleicht durch meine Schuld in große Not geraten.

[51] Bewertung meint: persönliche Stellungsnahme

Die Klientin antwortet jedoch erneut mit einem weiteren „Schlimmsten Fall“. Also fragt der Therapeut nach der Bewertung dieses „Schlimmsten Falles“.

T.: Und was würde *das* für Sie bedeuten?

K.: Wie meinen Sie das?

So zu denken, ist ungewohnt. Oftmals bedarf es daher einer Erläuterung durch den Rational-Emotiven Berater.

T.: Nun, wenn ein Fehler von Ihnen dafür ursächlich wäre, daß jemand in große Not geriete – was würden Sie darüber denken? Wie lautet Ihre persönliche Stellungnahme dazu?

K.: Das wäre schlimm.

Das gehört zur persönlichen Stellungnahme der Klientin. Allerdings fehlt noch der selbstschädigende Anteil.

T.: Dem stimme ich zu. Es wäre wahrscheinlich schlimm, weil für alle Beteiligten sehr nachteilig. Aber das ist ein vernünftiger Gedanke. Wissen Sie warum?

K.: Nein, wieso?

T.: Weil er beweisbar ist, Evidenz hat: gäbe es evidente, also augenscheinliche Nachteile für den Betreffenden?

K.: Aber ja, eine Menge.

T.: Eben. Aber solange Sie nur bei einem vernünftigen Gedanken wie: „Wenn ich einen Fehler mache, ist das *schlimm* und *von Nachteil* für mich und andere“ bleiben, werden Sie keine Panik damit hervorrufen und Ihrer Angst folglich nicht durch ständiges Nachkontrollieren ausweichen müssen. Sie wären allenfalls *besorgt*.

K.: Ja, aber wieso hab ich dann Panik?

T.: Weil Sie *noch mehr darüber* denken. Was denken Sie noch darüber, daß Sie evtl. einen schlimmen Fehler gemacht haben?

Therapeut fragt erneut nach der Bewertung der Klientin, diesmal aber nach dem selbstschädigenden Denkmuster, das zu Panik führt.

K.: Einen so schweren Fehler *darf* man einfach nicht machen...

T.: ...und wenn doch?

K.: Das wäre *furchtbar*. Ja.

Jetzt ist das selbstschädigende Denkmuster, nämlich das „Katastrophisieren“ und „Muß-turbieren“ der Klientin, offenkundig.

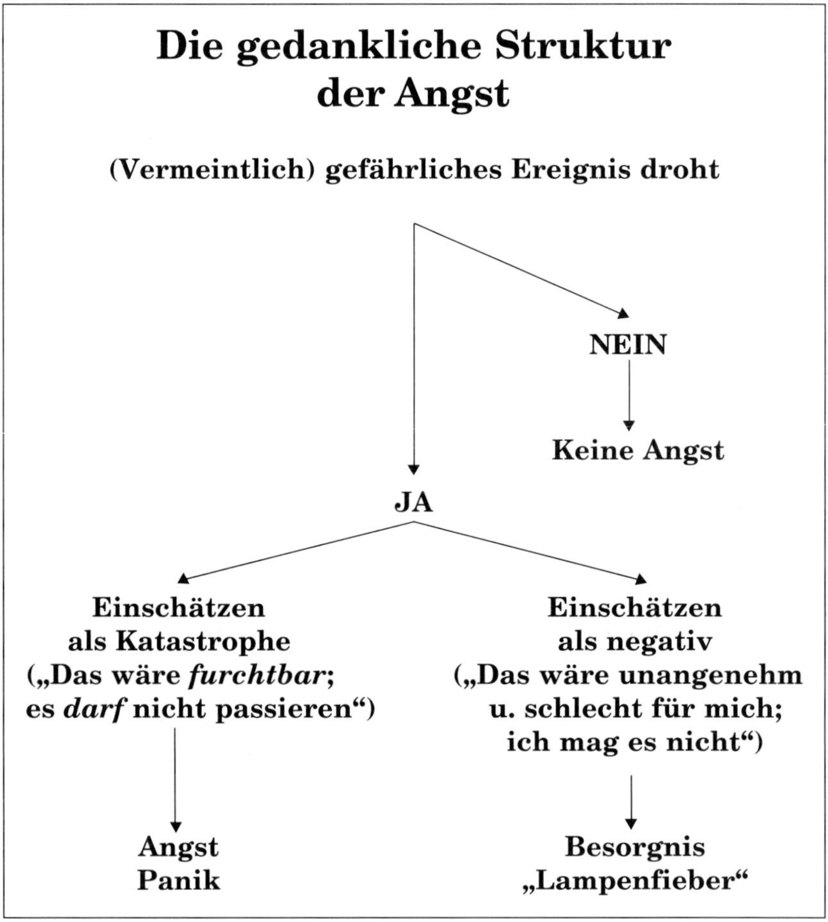

Abb.8 : Die kognitive Struktur der Angst

T.: Und was genau wäre daran so furchtbar?

Diese Frage ist scheinbar eine Disputationsfrage. Der Therapeut möchte jedoch überprüfen, ob auch noch abwertende Denkmuster am Werke sind.[52]

K.: Nun, ich glaube, ich könnte mir das nicht verzeihen: wenn ich schon an so einem verantwortungsvollen Posten stehe – dann *muß* ich auch genau arbeiten, da darf mir kein Fehler passieren...

T.: ...und wenn doch?[53]

K.: Dann bin ich am falschen Platz.

T.: Und dann?[54]

K.: (beginnt zu weinen) Dann würde sich eben zeigen, daß ich doch nichts kann – meine Eltern haben es mir schon immer prophezeit.

T.: Daß Sie nichts können? Sie meinen, daß Sie dann ein *Versager* sind?

K.: Genau – daß ich *zu nichts nutze* bin.[55]

Analyse —

Das Perfektionistische Denkmuster

Die Angst, an verantwortungsvoller Stelle am Arbeitsplatz etwas falsch zu machen, kommt von einem Einstellungssystem, das wir Perfektionismus nennen. Es ist der Glaube, daß man ein bestimmtes Gütekriterium in seiner Tätigkeit erfüllen *muß* (entweder ein selbst

[52] vgl. Kapitel 3

[53] Erneut die „Schlimmster Fall Methode"

[54] wie Fußnote zuvor

[55] Um diese zentrale selbstschädigende Idee aufzudecken wandte der Therapeut die „Schlimmster Fall -Methode" an.

erstelltes Gütekriterium oder ein von anderen übernommenes).

Diese *Forderung*, ein bestimmtes Anspruchsniveau erfüllen zu *müssen*, führt zu einem erhöhten Angstpegel – und unter erhöhtem Angststreß machen viele Menschen dann tatsächlich Fehler und arbeiten *unter ihrem Niveau*. Vielfach sehen sich Menschen an ihrem Arbeitsplatz mit Forderungen und Erwartungen anderer (Chef, Vorgesetzte, Kollegen etc.) nach einem bestimmten Leistungsniveau konfrontiert. Damit sehen sie sich einem Problem am Punkt A (=Aktivierendes Ereignis: die fremden Erwartungen) gegenüber. Sie schaffen aber häufig ein zweites (Meta-)problem, indem sie diese Forderungen und Erwartungen akzeptieren und damit zu ihrem eigenen Einstellungssystem machen. Wie alle Metaprobleme ist auch dieses „hausgemacht", d.h., während das ursprüngliche Problem manchmal schwer oder gar nicht lösbar ist (z.B. der Chef nicht zu ändern ist), so besteht doch keinerlei Grund, das zweite, selbst erschaffene Problem beizubehalten. Letzteres kann durch Änderung der perfektionistischen Einstellung entschärft werden.

Im vorliegenden Fall besteht das Problem der Klientin aber offenbar ausschließlich aus ihrer perfektionistischen Einstellung, die sie ihrer Tätigkeit an ihrem Arbeitsplatz entgegenbringt. Um ihre Angst und ihr überkontrollierendes Verhalten zu verringern, sollte sie daher ihren Perfektionismus in Frage stellen und ablegen.

T.: Sie glauben also, Sie dürften keine Fehler machen. Und wenn doch – so seien Sie ein Versager. Ist dieser Glaube realistisch, gibt es Beweise für Ihre Annahme?

Therapeut und Klientin beginnen nunmehr, diese selbstschädigenden Denkmuster zu hinterfragen (Disputation).

K.: Ja, wenn ein Mensch so viele schwere Fehler macht, so ist er doch ein Versager, oder nicht?

T.: Wenn Sie nicht nur bei Ihrer Arbeit, sondern bei allen Ihren Tätigkeiten Fehler machen würden – und das bis an Ihr Lebensende – dann könnten Sie sich vielleicht mit Recht als Versager ansehen. Aber trifft das auf Sie auch nur annähernd zu? Ist das eine realistische, sinnvolle Annahme?

K.: Nein, Sie haben recht. Alles mache ich sicher nicht falsch.

T.: Was könnten Sie also tun, um Ihre Angst und Ihren daraus folgenden Kontrollzwang zu verringern?

K.: Ich könnte mir sagen: Ist ja egal, wenn ich jetzt etwas falsch mache. Schließlich bin ich nicht unfehlbar. Und ich bin *kein Versager*, wenn ich bei dieser Arbeit nicht gut bin. Vielleicht liegen mir andere Tätigkeiten mehr.

T.: Ziemlich gut disputiert! Allerdings ist es nicht *egal*, ob Sie einen Fehler machen. Sie hätten dabei ziemliche Nachteile zu gewärtigen – abgesehen von dem Schaden, den auch andere erleiden könnten, wie Sie schon sagten. Es wäre also unangenehm, nachteilig und gar nicht wünschenswert, wenn ihnen schwere Fehler bei Ihrer Arbeit unterliefen – aber diese Tatsache könnte Sie nicht *insgesamt* zu einem Versager machen. Und Ihr überkontrollierendes Verhalten ist nicht sinnvoll, da es offensichtlich dazu dienen soll, daß Sie 100% Sicherheit haben, keinen Fehler gemacht zu haben. 100% Sicherheit aber gibt es in Wirklichkeit nicht. Wir leben in einer Welt der Wahrscheinlichkeit. Um die Wahrscheinlichkeit, daß Sie nichts vergessen haben, keinen Fehler übersehen haben, vernünftig hoch zu halten, genügt es, wenn Sie Ihre Arbeitsgänge einmal – konzentriert und planmäßig – überprüfen. Mehr macht keinen Sinn.

Wie an diesem Beispiel zu sehen ist, führt ein perfektionistisches Wertsystem zu Ängsten und in der Folge zu Verhaltensweisen, die der Vermeidung von Angst dienen (z.B. überkontrolliertes oder überkontrollierendes Verhalten).

Strategie –

Disputation des Perfektionismus

Fragen Sie sich daher: „Wo ist der Beweis, daß ich ein *Versager* bin, wenn ich einen Fehler mache oder gar meinen Job verliere?" Der Beweis ist nicht zu führen. Schlimmstenfalls resultiert daraus, daß Sie schlecht gearbeitet haben. Sie können sich dann bemühen, es in Zukunft besser zu machen.

Fragen Sie sich: „Wieso wäre es *schrecklich*, wenn ich einen großen Fehler mache oder meinen Job verliere?"

Antwort: Nur Ihre Definition kann diese Ereignisse zu schrecklichen[56] machen. Wahr ist, daß es sich um unangenehme und frustrierende Dinge handelt.

Fragen Sie sich: „Warum *muß* ich irgendein Anspruchsniveau einhalten?"
Antwort: Es gibt keinen Grund für eine solche absolutistische Forderung, wenngleich es natürlich *besser* ist, wenn Sie gute Arbeit verrichten.

Ein vernünftiger innerer Selbstdialog dieser Art kann zu einer neuen vernünftigen Lebensphilosophie führen, die Ihnen hilft, mehr von dem zu bekommen, was Sie wünschen, und weniger von dem, was Sie nicht haben wollen.

10.2 Ärger im Beruf

Anhand des nächsten Beispielsfalles wollen wir uns vergegenwärtigen, wie das weit verbreitete Arbeitsplatzproblem „Ärger über Vorgesetzte, Kollegen etc." besser bewältigt werden kann.

---

[56] „Schrecklich", „fürchterlich", „eine Katastrophe" etc. bedeutet immer: das Schlimmste, was passieren kann, 100% negativ!

K.: Meine Probleme haben sich verschärft, weil ich jetzt auch auf der Arbeit viel Ärger habe. Seit der neue Schulleiter da ist, ist die Arbeit für mich äußerst „stressig" geworden. Das ist ein unglaublich autoritärer Knochen. Unglaublich, daß es so etwas heute noch gibt...

T.: Ja.

K.: ...er ruiniert die ganze Atmosphäre an der Schule, wir Lehrer kriegen Druck, die Schüler kriegen Druck, organisatorische Arbeit schiebt er ab auf mich und andere. Nach oben ist er ein „Schleimscheißer".

T.: Ja. Also ich habe verstanden, Sie arbeiten an einer Schule, deren Direktor ein „Schleimscheißer", ein „autoritärer Knochen" ist usw.[57] Das ist das Aktivierende Ereignis (Punkt A) für Ihre problematische Situation. Und wie geht es Ihnen dabei, wie fühlen Sie sich, was fühlen Sie dabei am Punkt C, der emotionalen Consequenz?

K.: Ich bin unheimlich sauer auf den Kerl. Ich krieg schon Magengeschwüre davon.

Info 11

Ärger und Psychosomatik

Wut und starker Ärger gehören zu den Gefühlen, die in vielerlei Hinsicht psychosomatisch krank machen können: Der Blutdruck steigt im akuten Ärgerzustand und kann chronisch erhöht werden. Ein schwaches Herz kann bis zu einem gefährlichen Punkt überbeansprucht werden. Unterdrückte Wut führt oftmals zu chronischen Kopfschmerzen. Das gesamte physiologische System ist angespannt – die Magen- und Darmfunktionen

[57] Auch hier zweifelt der Therapeut die Wahrnehmungen des Klienten nicht an, ob der Direktor wirklich so ein unkollegialer und unfairer Vorgesetzter ist, um zu den zentralen selbstschädigenden Aspekten seiner Lebensphilosophie vorzustoßen, vgl. „Schlimmster Fall-Methode".

> sind verlangsamt oder überstimuliert, sodaß Magenschmerzen (tatsächlich bis hin zum Geschwür von Magen oder Zwölffingerdarm), Verstopfung, Durchfall und anderes die Folge sein können.

T.: Ich verstehe. Was sagen Sie sich am Punkt B, Ihrem Bewertungssystem, *über* die Situation an Ihrem Arbeitsplatz?

K.: Das gehört einfach verboten. So *darf* man sich nicht aufführen. Das macht alles kaputt..

T.: Daß er so autoritär ist...

K.: Ja, ich *hasse* das. Das ist für mich wirklich – Entschuldigung – ein großes *Arschloch*.

T.: Ja. Sie sagen sich also erstens: Er ist autoritär...

K.: ...und unfähig...

T.: ...und unfähig, okay, nehmen wir das auch an.[58] Und zweitens: So darf man bzw. er sich nicht verhalten. Und weil er sich so verhält, wie er sich nicht verhalten darf, ist er ein „Arschloch".[59]

K.: Es ist unglaublich schwer für mich, mit so einem unfähigen Menschen zusammenzuarbeiten – und ich kann ihn ja nicht einfach ignorieren – ich meine, er hat als Schulleiter nun mal vieles zu sagen und zu entscheiden. Man muß mit ihm zusammenarbeiten.

T.: Richtig. Aber warum *darf* er sich nicht autoritär und unfähig verhalten? Wo steht das geschrieben?

---

[58] vgl. die vorige Fußnote

[59] Rational-Emotive Therapeuten folgen oft dem Beispiel von Albert Ellis und benutzen die Sprache ihrer Klienten bzw. ermuntern sie, wirklich auszusprechen, was sie denken. Verdammende Gedanken, die verantwortlich sind für Wut und exzessiven Ärger, bleiben im Verborgenen, wenn der Klient bzw. Therapeut sich einer „gereinigten Sprache" bedient. Die verdammende, eine Person pauschal auf einen schlechten Menschen reduzierende Einstellung des Klienten kommt in dem „unfeinen" Wort schlagartig zum Ausdruck.

K.: Geschrieben steht es nirgends.

T.: Ja, gibt es dann irgendwelches beweisfähige Material – gibt es Evidenz dafür, daß er sich nicht autoritär und unfähig verhalten *darf*?

K.: Er könnte lernen, daß es so nicht geht.

T.: Könnte er wahrscheinlich...

K.: Aber er schert sich nicht drum.

T.: Nun, ich höre Sie sagen: Weil er lernen könnte, kooperativer zu sein, weniger autoritär, deshalb *darf* er nicht autoritär sein.

K.: Ja.

T.: Der Schluß, daß ein kooperativer Chef *angenehmer* wäre, ist sicher OK. Aber ist Ihr Schluß korrekt?

K.: Ich weiß nicht.

T.: Na, nehmen wir an, der Mann hätte Talent zum Klavierspielen, zum Beispiel, und er könnte fleißig üben jeden Tag und würde Pianist werden und Ihre Schule verlassen. Aber er tut das nicht.

K.: Ja.

T.: *Muß* er tun, was er tun könnte?

K.: Nein – nein, er müßte nicht.

T.: Ja, aber sagen Sie in Ihrem inneren Dialog nicht genau das? Weil er lernen *könnte*, ein kooperativer Schulleiter zu sein (und weil das für Sie angenehmer wäre), *muß* er kooperativ sein, *darf* er nicht autoritär bleiben.

K.: Ja, schon.

T.: Und ist das ein sinnvoller Schluß?

K.: Na, wahrscheinlich nicht. Aber soll ich mir sagen: Gut, er ist eben ein autoritärer Knochen, und ich muß mit ihm zusammenarbeiten, er will sich nicht ändern, also ist es mein Problem.

T.: Nun, Sie könnten sagen, es ist *sein* Problem, daß er so autoritär ist, und es führt dazu, daß Sie in Ihrer Arbeit Schwierigkeiten haben. Aber sein autoritäres Verhalten führt nicht zwangsläufig und automatisch dazu, daß Sie in Wut geraten und sich so exzessiv ärgern müssen. – Wollen Sie die Sache „hinschmeißen"?

K.: Nein, nein, das kommt für mich nicht in Frage – ich will schon meinen Mann stehen – ins „Bockshörnchen" lasse ich mich nicht jagen.

T.: Nun ja, welche Alternative haben Sie dann?

K.: Das ist es ja. Was soll ich machen?

T. Nun, wie könnten Sie mit dieser Schwierigkeit, dieser Frustration leben und sich dennoch nicht exzessiv ärgerlich machen, sich nicht so sehr aufregen darüber?

K.: Indem ich mir sage: „Der ist halt so, da kann man nichts machen, okay, alles in Ordnung"?

T.: In Ordnung ist es nicht. Das ist Unsinn!

K.: Ja, in Ordnung ist es wirklich nicht, aber ich sehe, was Sie meinen, ich könnte ja versuchen, etwas zu ändern, aber mich nicht mehr so zu ärgern.

T.: Das ist der Punkt.

Exzessiven Ärger zu verringern, heißt niemals, sich mit einer veränderbaren frustrierenden Situation (A) abzufinden. Selbstverständlich ist es sehr vernünftig, unangenehme Situationen, Schwierigkeiten, Probleme am Punkt A (=Aktivierendes Ereignis) anzugehen und für Verbesserungen zu arbeiten und sich einzusetzen. Zum Beispiel auch zu versuchen, andere Menschen zu beeinflussen, Änderungen in ihrem Verhalten herbeizuführen etc. Exzessiver Ärger ist aber dabei ein schlechter Problemlöser. Man kann sagen, daß Ärger keine Lösung, sondern eine Reaktion auf eine Frustration ist. Wenn der Klient seinen Chef zu mehr kooperativer Haltung bringen will, so könnte er versuchen, höflicher und freundlicher zu sein, mit Überzeugungskraft vorzugehen und dem Schulleiter die Vorteile kollegialer Kooperation zu verdeutlichen.

Wenn dies nichts nützt, könnte er zusammen mit anderen Kollegen Druck auf den Schulleiter ausüben, um ihn zu einer Änderung seines Verhaltens zu bewegen. Und schließlich könnte es eine Lösung für den Klienten bedeuten, seinen Arbeitsplatz zu wechseln.[60] Exzessiven Ärger über den Chef zu entwickeln, könnte dagegen den Schulleiter veranlassen, noch weniger kooperativ zu sein und als Reaktion auf die feindselige Haltung des Klienten diesem das Leben noch schwerer zu machen.

Wenn wir auf eine andere Person sehr ärgerlich sind, so beschäftigt uns diese *Person* gedanklich sehr stark. Das läßt dann manchmal wenig Raum, um sinnvolle *Handlungen* und Reaktionen zu finden und auszuführen.

Eigenaktivität

Übung 15: Selbstschädigende feindselige Haltung und Ausprägungsgrad der Ärgeremotion. Eine Selbsteinschätzung

1. Zielperson(en)	*2. Feindseligkeit hoch niedrig*	*3. Ärger hoch niedrig*
Name		
Generelle Reaktion auf diese Person(en)	*1 2 3 4 5*	*1 2 3 4 5*
Bestimmte Situationen		
....	*1 2 3 4 5*	*1 2 3 4 5*
....	*1 2 3 4 5*	*1 2 3 4 5*
....	*1 2 3 4 5*	*1 2 3 4 5*
....	*1 2 3 4 5*	*1 2 3 4 5*
....	*1 2 3 4 5*	*1 2 3 4 5*

[60] Die Optionen haben Ähnlichkeit mit den Entwicklungsmöglichkeiten gestörter Partnerbeziehungen, vgl. Tafel 6 . Dies ist verständlich, da es sich um Optionen für menschliche Systeme handelt.

Leitsatz

Das Ärger-Denkmuster

Die Philosophie des Ärgers besteht aus der irrationalen, selbstschädigenden Idee:

„Es ist *schrecklich*, wie du dich verhältst und ich kann das *nicht ertragen*. Du *darfst* dich so nicht verhalten. Du bist ein *Miststück*, eine *elende Person* etc., wenn du so handelst und mußt *dafür bestraft* werden."

Aber welche Beweiskraft hat in unserem Beispielsfall die Annahme, ein autoritärer Schulleiter sei eine *Katastrophe* und nicht nur eine frustrierende Arbeitsbedingung? Es ist sicher sehr verdrießlich für den Klienten, unter solchen Bedingungen zu arbeiten, aber es ist natürlich *auszuhalten*. Zu *fordern*, der Schulleiter *dürfe nicht* autoritär sein, ist irrational. In gewissem Sinne steckt dahinter sogar eine Form von *Großartigkeit* und *Überheblichkeit*: „Was ich nicht mag, *darf nicht* existieren!"

Aber es existiert und stellt ein Problem dar. Also hat es wenig Zweck, noch ein zweites Problem hinzuzufügen: sich exzessiv aufzuregen.

Eigenaktivität

Übung 16: Disputation von Ärger und Feindseligkeit

Unter Spalte 1 beschreiben Sie kurz die Situation, die Ihre ärgerproduzierenden Gedanken auslöste. Unter Spalte 2 zählen Sie die irrationalen Ärgergedanken auf, die bei Ihnen zutreffen. In Spalte 3 kennzeichnen Sie Ihre vernünftigen Gegenargumente und in Spalte 4 vermerken Sie, wie Sie sich mit Ihrer neuen Lebensphilosophie fühlen.

1 *Situation* **A**	*2* *Ärger-* *gedanken* **B**	*3* *Gegen-* *argumente* **D**	*4* *Gefühle* **C**
....	....	....	....
....	....	....	....
....	....	....	....
....	....	....	....
....	....	....	....
....	....	....	....
....	....	....	....
....	....	....	....
....	....	....	....
....	....	....	....
....	....	....	....
....	....	....	....
....	....	....	....
....	....	....	....
....	....	....	....
....	....	....	....
....	....	....	....
....	....	....	....
....	....	....	....

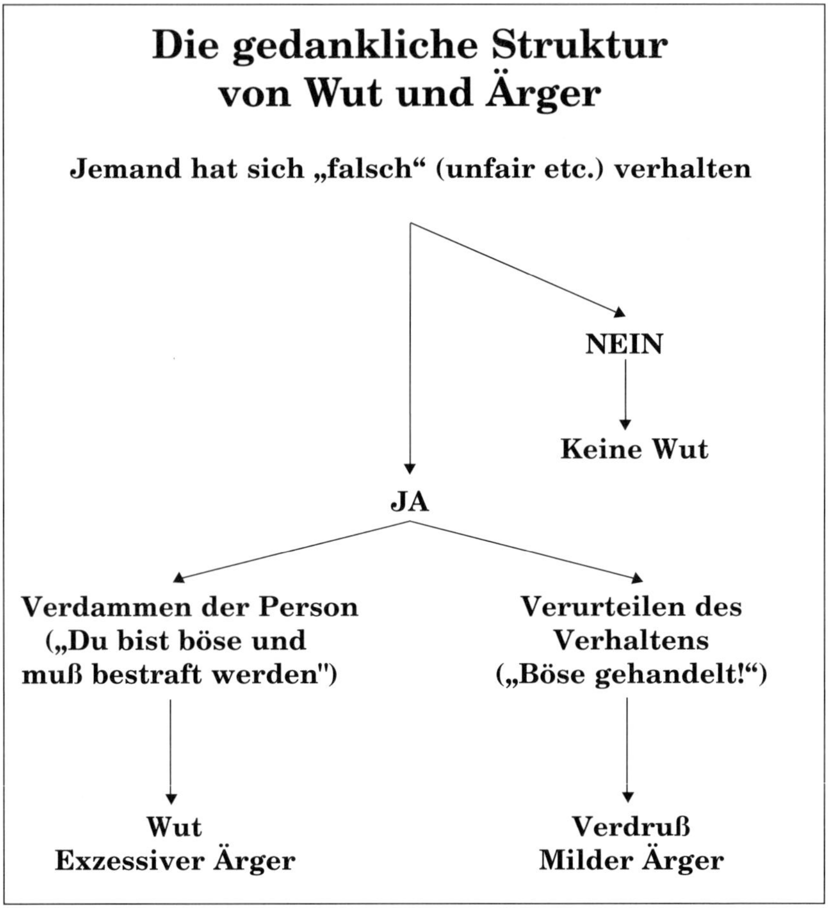

Abb. 9: Die kognitive Struktur von Feindseligkeitsgefühlen

11. Emotionales Selbstmanagement

Die Rational-Emotive Verhaltenstherapie hat immer betont, daß psychologische Hilfe zu einem großen Teil aus Selbsthilfe besteht. Die vielen Therapeuten und Berater, die in der ganzen Welt nach den Prinzipien der REVT arbeiten, ermutigen ihre Klienten regelmäßig, verschiedene Selbsthilfebücher zu lesen. Diese Bibliotherapie ist also ausgesprochen nützlich und beschleunigt den therapeutischen Erfolg. Am Deutschen Institut für Rational-Emotive und Kognitive Verhaltenstherapie (DIREKT) e.V., dem autorisierten Tochterinstitut des Albert Ellis Institute for Rational Emotive Behavior Therapy der Staatsuniversität New York in New York City, USA, habe ich vor nahezu zehn Jahren versuchsweise eine neue Betreuungsform für Klienten eingeführt, die meines Wissens in dieser Form auf der Basis einer seriösen Therapieschule bisher einzigartig ist. Ausgangspunkt waren die vielen Zuschriften von Lesern meines Buches „Gefühle erkennen und positiv beeinflussen", die aus zeitlichen und finanziellen Gründen (große Entfernung zwischen Wohnort und Würzburg) nicht persönlich zu mir kommen wollten. Ich wurde daher gebeten, einen schriftlichen Rat zu erteilen, insbesondere die beigelegten Rationalen Selbstanalysen (RSA's) auf „Richtigkeit" durchzusehen. Meine Kollegen und ich überlegten, ob wir einem solchen Wunsch nachkommen konnten ohne unsere „therapeutische Seriosität" aufs Spiel zu setzen.

Unter Anwendung der Prinzipien der REVT kamen wir zum Ergebnis, daß

1. die Korrektur und Kommentierung von RSA's schriftlich möglich ist
2. dieser Kontakt höchstwahrscheinlich die Selbsthilfearbeit von Klienten verbessert
3. es zwar wünschenswert ist, wenn Therapeuten möglichst effektiv helfen, aber nicht *schrecklich*, wenn der Versuch wenig effektiv sein würde

So begannen wir mit dieser Art von „Ferntherapie" – und machten bald sehr positive Erfahrungen.

Klienten machen oft ganz typische Fehler, wenn sie ihre ersten RSA's erstellen. Daraus kann man lernen! Sehen wir uns daher im folgenden einige RSA-Beispiele und meine Kommentierung an.

Klienten-RSA 1

A Liege sonntags im Bett

B
1. Ich bin furchtbar träge. Nie kann ich mich zu etwas aufraffen.
2. Niemand ruft mich an. Sicher haben alle meine Bekannten viel Interessanteres zu tun als sich mit mir zu treffen.
3. Ich hasse Wochenenden.
4. Ich bin absolut unfähig, meine Freizeit sinnvoll zu gestalten.
5. Schäme mich, dies zuzugeben (Nr.4)
6. XY hat nie Langeweile. Sie hat 1000 Freunde und ist immer aktiv.

C depressiv, Selbstmitleid, wütend auf mich, auf andere eifersüchtig, neidisch auf andere

D
1. Bin ich nur dann mit mir zufrieden, wenn ich aktiv bin? Ich übertreibe, wenn ich „nie" sage.
2. Daß niemand anruft, stimmt. Aber die Tatsache, daß mich niemand anruft, bedeutet nicht, daß sie mich nicht mögen.
3. Ich mag Wochenenden nicht.
4. Ich übertreibe.
5. Meine Befürchtung, ausgelacht zu werden, ist unrealistisch.
6. Der Vergleich mit XY hilft mir nicht, mich besser zu fühlen und mein Ziel zu erreichen. Der Vergleich

	hilft mir dann nicht, wenn ich mich selbst dadurch abwerte. Er ist nur dann hilfreich, wenn ich ihn als Ansporn verstünde.
E	Spazieren gehen, Lesen, Kino, Jemanden anrufen.

Therapeuten-Kommentar:

Zunächst ist festzustellen, daß die Klientin das Prinzip der RSA bereits recht gut versteht und anwenden kann. Ich forderte sie aber dennoch auf, ihre RSA noch einmal unter Beachtung folgender Hinweise zu bearbeiten und schrieb:

1. Merken Sie sich folgende Regel:

Leitsatz —

Eine Grundregel für die Rationale Selbstanalyse (RSA)

Es ist eine Grundregel, für jedes unangemessene C (= Gefühle und Verhaltensweisen) eine eigene RSA zu erstellen.

Sie haben unter C mindestens drei Gefühls- und Verhaltenskomplexe unterschiedlicher Natur erwähnt.

a. Depression und Selbstmitleid

b. Wut

c. Eifersucht und Neid

Mein Rat: Beginnen Sie mit dem Komplex „Depression und Selbstmitleid“. Beschränken Sie zunächst Ihre RSA auf dieses Problem. Fügen Sie hinzu: „Passivität“; denn dieses C ist in Ihrer Aussage B 1 enthalten („Ich bin furchtbar träge“) und in Ihrem A („Liege im Bett“).

Ihr C lautet also: Depression/Selbstmitleid/Passivität

2. **Prüfen Sie sodann, ob Ihr Problem nicht in Wirklichkeit aus einem 1. ABC und einem 2. ABC besteht, etwa wie folgt:**

Beispiel

1. ABC	**2. ABC**
A. ? (ist nicht unbedingt von Bedeutung)	
B wie B2, B3, B4, B6	
C Depression/Selbstmitleid/ ins Bett legen →	C wird zu neuem A Liege im Bett, passiv und träge
	B *Nie* kann ich mich zu etwas aufraffen! Wie *furchtbar* das ist!
	C *Mehr Depression!*

Wenn dies so sein sollte, beginnen Sie an Ihrem 2. ABC zu arbeiten (disputieren Sie!) und erst danach wenden Sie sich dem 1. ABC zu.

3. Zu B 5: *„Schäme mich, dies zuzugeben (Nr.4)"*

Frage: Was sagen Sie sich, um sich beschämt zu machen?

4. Ihre Disputation:

Zu D 1: Sie disputieren: *Bin ich nur dann mit mir zufrieden, wenn ich aktiv bin? Ich übertreibe, wenn ich „nie" sage.*

Mein Hinweis: Disputieren Sie nicht nur Ihre verzerrte Wahrnehmung (= „*Nie* kann ich mich aufraffen"), sondern vor allem Ihre Bewertung. Wieso ist es *furchtbar*, wenn Sie sich wirklich nie zu etwas aufraffen würden?[61]

[61] Mit der „Schlimmster Fall Methode" gelangt man zu den Bewertungen!

Zu D 2: Sie disputieren: *Daß niemand anruft, stimmt. Aber die Tatsache, daß mich niemand anruft, bedeutet nicht, daß sie mich nicht mögen.*

Mein Hinweis: Und was würde es für Sie *bedeuten*, wenn „sie mich nicht mögen“[62]? Suchen Sie nach Ihren Bewertungen!

Zu D 3: Sie disputieren: *Ich mag Wochenenden nicht.*

Mein Hinweis: Was bedeutet Ihr Ausdruck „hassen“? Ist es nicht eine Form des Katastrophisierens? Wenn ja, was ich glaube, disputieren Sie konsequenter!

Zu D 5: Sie disputieren: *Meine Befürchtung, ausgelacht zu werden, ist unrealistisch.*

Mein Hinweis: Auch hier: Was *bedeutet* es, wenn Ihre Befürchtung zutreffen würde?[63]

Soweit mein Kommentar zu der RSA der Klientin. Bevor Sie jetzt weiterlesen, sollten Sie versuchen, die RSA der Klientin gemäß meinen Ratschlägen neu zu erstellen.

Eigenaktivität

Übung 17

Diese Übung erfordert etwas mehr Zeit. Sie ist jedoch sehr wichtig und gewinnbringend! Lesen Sie hier erst weiter, wenn Sie die Übung gemacht haben!

[62] Wie zuvor

[63] Wie zuvor

Die RSA-Korrektur der Klientin

2. ABC (mein Haupt-ABC)

A Liege im Bett, bin passiv

B Nie raffe ich mich zu etwas auf!
Wie furchtbar das ist!
Ich sollte aktiv sein!

C Depression (mein Symptomstreß)

D Es ist höchstens unangenehm und traurig, wenn ich passiv bin.
Wenn es furchtbar wäre, so könnte es nichts Schlimmeres geben.
Das aber ist zweifelsohne Unsinn. Es wäre daher höchstens wünschenswert, wenn ich aktiver wäre, aber es ist Unsinn, zu fordern, daß ich aktiv sein müßte!

Zum Therapeuten-Kommentar 3:

Was sage ich mir, um mich beschämt zu machen?

Antwort:

Ich sage mir, ich *bin absolut unfähig,* meine Freizeit sinnvoll zu gestalten. Ich bin *eine Null.*

Hierzu meine Disputation:

Selbst wenn ich *absolut unfähig* wäre, meine Freizeit sinnvoll zu gestalten, was sicher eine große Übertreibung darstellt, so ist das kein Beweis dafür, daß ich *eine Null* bin. Denn bei meiner Arbeit z.B. leiste ich Sinnvolles, was „eine Null" nicht könnte.

Meine neuen Disputationen zum Therapeuten-Kommentar 4:

Zu D 1: Selbst wenn ich mich nie aufraffen würde, wäre das höchstens sehr nachteilig für mich, aber nicht *entsetz-*

lich. Außerdem ist es eine Übertreibung, wenn ich „nie“ sage.

Zu D 2: Dahinter steckt tatsächlich, daß ich es als *Katastrophe* ansehen würde, wenn mich niemand mag. Aber wieso bin ich auf die Wertschätzung anderer Menschen absolut angewiesen? Ich möchte wirklich nicht, daß man mich ablehnt, aber wenn doch, wäre es wohl besser, dies als Realität zu akzeptieren, anstatt zu *fordern*, daß es anders sein *müßte*.

Zu D 3: Hier katastrophisiere ich. So schlimm sind Wochenenden in Wirklichkeit nicht, selbst wenn ich kaum Kontakt mit Leuten habe. Ich kann immer noch andere Dinge tun wie Malen und Nähen, die mir durchaus Spaß machen.

Zu D 5: Würde bedeuten, daß mich die Leute nicht mögen, und das wäre ziemlich *katastrophal*. Ich sehe, das ist das gleiche wie zu D 2. Dahinter verbirgt sich die berühmte sogenannte irrationale Idee Nummer Eins, nämlich mein Glaube, ich *müsse* von jedermann/frau unbedingt geschätzt werden, ansonsten sei ich eine *wertlose Person*.

Klienten-RSA 2

A Bin in Gegenwart anderer Personen, besonders von Leuten in übergeordneten Positionen, manchmal sehr unsicher

B
1. Die wissen bestimmt mehr als ich.
2. Hätte ich doch bloß überhaupt nichts gesagt.
3. Was denken die wohl von mir?
4. Mir fällt überhaupt nichts mehr ein, was ich sagen könnte.
5. Hoffentlich ist die Situation bald vorbei.

6. Warum kann ich nicht so überlegen sein wie manch anderer?

C Ängstlichkeit vor dem Zusammentreffen mit bestimmten Personen; immer größere Unsicherheit

D D 1: Woher weiß ich, daß jemand *sicher* mehr weiß als ich? Vielleicht ist es so, vielleicht aber auch nicht. Wissen ist zudem ein sehr relativer Begriff.

D 2: Was wäre passiert, wenn ich überhaupt nichts ge sagt hätte? Man hätte mich vielleicht für dumm gehalten. Woher weiß ich das? Wo ist der Beweis für meine Annahme?

D 3: Was meine ich, was die Anderen von mir denken könnten? Warum meine ich, daß die Anderen überhaupt etwas von mir denken könnten? Was ist so schlimm daran, daß Andere über mich nachdenken?

D 4: Warum meine ich, daß mir nichts mehr einfällt? Weil ich blockiert bin? Warum meine ich, daß mir unbedingt etwas einfallen muß?

D 5: Und was ist dann? Meine ich, daß es für mich schöner wäre, mich nie in unangenehmen Situationen zu befinden?

D 6: Warum meine ich, überlegen sein zu müssen? Meine ich dann besser zu sein?

E Nicht mehr blockiert im Umgang mit Menschen in höheren Positionen, natürlich damit umgehen.

Therapeuten-Kommentar

Sehen wir uns zunächst an, was Sie unter A vermerken. Was *genau* heißt: „Ich bin manchmal sehr unsicher“? In der Regel meinen wir Menschen damit, daß wir uns

1. unsicher *verhalten*

und

2. unsicher *fühlen*.

Beides läßt sich aber noch genauer formulieren:

„Unsicher verhalten“ schließt Verhaltensweisen ein wie: Blickkontakt vermeiden, stottern, „verlegen“ lachen etc.

Konkretisieren Sie, welche Verhaltensweisen bei Ihnen im Vordergrund stehen. Einiges kann ich schon ziemlich sicher erraten, wenn ich mir Ihre B's genau ansehe, z.B. Ihr B 4: Ihnen fällt nichts mehr ein. Sie sind „blockiert“. Das ist eine Folge Ihrer Ängstlichkeit, ein unsicheres Verhalten.

„Unsicher fühlen“ bedeutet in der Regel so etwas wie Ängstlichkeit.

Somit lautet Ihr A genauer:

A In Gegenwart Anderer bin ich ängstlich und verhalte mich entsprechend.

Vergleichen Sie dieses A mit Ihrem C. Sie sehen, das Gefühl der Ängstlichkeit kommt sowohl bei A als auch bei C vor. Dies weist darauf hin, daß Sie es mit zwei Problemen zu tun haben:

1. Problem oder 1. ABC: Ihre Ängstlickeit und Ihr unsicheres Verhalten

2. Problem oder 2. ABC: Ihre Angst vor Ihrer Ängstlichkeit!

1. ABC	**2. ABC**
A Kontakt mit anderen Menschen	
B (noch auszufüllen)	
C Ängstlichkeit und unsicheres Verhalten →	**A** (C wird neues A!) (Bevorstehendes Zusammentreffen mit Anderen.) Ich werde mich dabei *ängstlich fühlen* und *unsicher verhalten*
	B Was denken die von mir? Hoffentlich ist die Situation bald vorbei!
	C größere Angst und „Unsicherheit“

Ich empfehle Ihnen, mit der Bearbeitung des 2. Problems oder 2. ABC zu beginnen. Solange Sie dieses Metaproblem (Problem über das Problem oder Ihre Unsicherheit wegen Ihrer Unsicherheit!) nicht reduziert haben, wird die Bearbeitung des Gesamtproblems schwerer bleiben.

Beantworten Sie daher Ihre Frage aus dem 2. ABC (=Ihr B 3 aus Ihrer RSA): „Was denken die wohl von mir?“

Nehmen Sie gleich den *schlimmsten Fall* an und fragen Sie sich dabei, was dieser schlimmste Fall für Sie *bedeuten* würde.[64] Weiter:

[64] vgl. Fußnote 61

Warum hoffen Sie, daß die Situation bald vorüber sein soll? Was würde es für Sie *bedeuten*, wenn sie *nicht bald vorüber* wäre?[65]

Zu Ihren Disputationen:

D 1: Sie disputieren: *Woher weiß ich, daß jemand sicher mehr weiß als ich? Vielleicht ist es so, vielleicht aber auch nicht. Wissen ist zudem ein sehr relativer Begriff.*

Mein Hinweis: Gut, aber gehen Sie tiefer! Was, wenn die anderen doch mehr wissen als Sie?[66]

D 2: Sie disputieren: *Was wäre passiert, wenn ich überhaupt nichts gesagt hätte? Man hätte mich vielleicht für dumm gehalten. Woher weiß ich das? Wo ist der Beweis für meine Annahme?*

Mein Hinweis: Sehr gut! Aber gehen Sie auch hier tiefer. Was wäre, wenn man Sie doch für dumm hielte?[67]

D 4: Sie disputieren: *Warum meine ich, daß mir nichts mehr einfällt? Weil ich blockiert bin? Warum meine ich, daß mir unbedingt etwas einfallen muß?*

Mein Hinweis: Entscheidend ist Ihre Disputationsfrage: „Warum meine ich, daß mir unbedingt etwas einfallen *muß*?" Geben Sie sich Antwort! Verlangen Sie einen Beweis für die in Ihrer Frage steckende Annahme!

D 6: Sie disputieren: *Warum meine ich, überlegen sein zu müssen? Meine ich dann besser zu sein?*

Mein Hinweis: Geben Sie sich weiter Antwort! Stellen Sie Ihre Annahme in Zweifel! Warum meinen Sie, überlegen sein zu *müssen*?

---

[65] auch hier führt die „Schlimmster Fall Methode" zum zentralen B!

[66] wie zuvor

[67] desgl.

Nun zu Ihrem E, dem Effekt oder Ziel des Umdenkens:

Ihr Ziel, nicht mehr blockiert zu sein, werden Sie besser erreichen, wenn Sie zunächst einmal daran arbeiten, wie Sie Situationen des Blockiertseins in Zukunft besser akzeptieren können. Damit ist das 2. ABC angesprochen. Erarbeiten Sie also auch ein neues E für Ihr 2. ABC.

Die RSA-Korrektur des Klienten

Disputation meiner B's aus dem 2. ABC:
„Was denken die von mir?"

Ich denke mir den „schlimmsten Fall" (daß man mich für dumm hält) und gelange zu meinen zentralen selbstschädigenden Gedanken:

„*Oh Gott*, wenn sie mich für dumm halten würden oder einen schlappen Kerl! Es wäre *fürchterlich*, wenn sie mich ablehnen würden! Ich *brauche* unbedingt ihre Wertschätzung!"

Jetzt kann ich diese zentralen Gedanken disputieren:

Die Tatsache, daß sie so etwas denken würden, beweist nicht, daß ich wirklich ein *dummer Kerl* bin. Ich bin ein Mensch mit Schwächen, z.B. meiner Unsicherheit, aber ich kann mich als solcher akzeptieren. Ablehnung zu erfahren wäre wirklich nicht angenehm, aber sicher keine *Katastrophe*. Insofern bin ich auf Wertschätzung nicht unbedingt angewiesen, auch wenn ich es schön finde, geschätzt zu werden.

Disputation meines Gedankens: *„Hoffentlich ist die Situation bald vorbei."*

Damit meine ich, solche Situationen *nicht aushalten*, nicht länger durchstehen zu können. Das ist aber Unsinn. Ich habe diese Situationen schon oft überstanden. Ich werde sie *niemals mögen*, aber ich kann sie *ertragen*.

Verbesserte D's:

D 1: Wenn die anderen mehr wissen als ich, so bedeutet das nicht,daß ich *ein Dummkopf* bin. Ich weiß dafür andere Dinge und kann andere Dinge. Ich bin ein Mensch mit Fehlern und Schwächen, aber wenn ich mich akzeptiere, so kann ich dennoch zufrieden leben. Worauf es mir eigentlich ankommt, ist, ein zufriedenes Leben führen zu können und nicht, großes Wissen als Selbstzweck aufzuhäufen.

D 4: Hinter meinem „Muß" steckt wieder die Annahme, ich müßte um jeden Preis akzeptiert werden. Aber ich kann mich selbst akzeptieren, bin also nicht auf die Wertschätzung der anderen unbedingt angewiesen. Es ist also zwar recht angenehm, wenn mir geistreiche Beiträge einfallen, aber ich bin nicht darauf angewiesen. Ich höre auf, von mir so etwas zu fordern. Wahrscheinlich werde ich dann auch unter weniger Anspannung und Streß stehen und nicht so oft blockiert sein.

D 6: Ich bin kein besserer Mensch, wenn ich überlegen bin. Vielleicht mögen mich manche Leute dann gar nicht. Auch hier muß-turbiere ich! Ich *muß* nicht geliebt werden, auch wenn ich es *schön finden* würde. Aber von allen Leuten kann ich sowieso nicht geliebt werden (und will es auch nicht).

Mein neues E:

Enttäuscht, wenn ich wieder unsicher war. Vielleicht traurig. Besorgt, daß ich wieder blockiert sein könnte. Aber nicht panisch!

Info

Sie suchen einen Therapeuten oder Coach[68], der nach der Methode von Albert Ellis arbeitet

Da Krankenkassen und Vereinigungen von kassenzugelassenen Psychotherapeuten nach dem Inkrafttreten des neuen Psychotherapeutengesetzes zwischen Therapeuten unterschiedlicher Ausrichtung nicht mehr unterscheiden, gibt es keine offiziellen Auskunftsmöglichkeiten, wenn Sie einen Therapeuten suchen, der nach der Methode von Albert Ellis arbeitet.

Daher hat sich das DIREKT e.V. als offizielles Tochterinstitut des ALBERT ELLIS INSTITUTE for Rational Emotive Behavior Therapy, New York, entschlossen, Patienten kostenlos bei der Suche nach Rational-Emotiven Therapeuten zu helfen. Schreiben oder faxen Sie an

Deutsches Institut für
Rational-Emotive & Kognitive
Verhaltenstherapie
DIREKT e.V. Geschäftsstelle
Müllersweg 14
97249 Eisingen bei Würzburg
Tel./Fax.: 0 93 06 - 32 98
eMail: revt.direkt@t-online.de
www.ret-revt.de

[68] Zum Coaching: Vgl. das Buch Ellis, A., Schwartz, D. & Jacobi. (2004). *Coach Dich! Rationales Effektivitäts-Training zur Überwindung emotionaler Blockaden. Ein philosophisch-psychotherapeutischer Ratgeber.* Würzburg: Hemmer & Wüst.

Anhang

Formular zur Rationalen Selbstanalyse (RSA)

Deutsches Institut für Rational-Emotive & Kognitiv-behaviorale Therapie (DIREKT) e.V.

Affiliated REBT Trainingcenter of the Albert Ellis Institute for Rational Emotive Behavior Therapy, a non-for-profit corporation chartered by the Regents of the University of the State of New York, New York City

A

Aktivierende Erfahrungen (oder Ereignisse)

Meine kleine Tochter zerreißt die Zeitung, die ich gerade lese, weil ich nicht mit ihr spielen will

B

Ihre Ideen über die Aktivierenden Erfahrungen oder Ereignisse bzw.
Ihre Einstellung zu den Aktivierenden Erfahrungen/Ereignissen

rB

rationale Ideen oder **vernünftige** Einstellung (in der Form Ihrer Wünsche oder Abneigungen)

Ich wünschte, sie würde mich lesen lassen! Es ist nicht schön, daß sie die Zeitung zerrissen hat. Ich mag ihr Verhalten gar nicht.

iB

irrationale Ideen/**selbstschädigende** Einstellungen
Muß-turbieren; Katastrophisieren; Be- und Abwerten der Person

So etwas sollte sie nicht tun! Sie muß verstehen, daß ich auch mal etwas für mich tun will. So ein Verhalten ist doch schrecklich! Sie ist ein unmögliches Kind! Man muß sie dafür zur Ordnung rufen und ihr das unbedingt abgewöhnen

C

Konsequenzen Ihrer Einstellungen/Ideen über die Aktivierenden Erfahrungen/Ereignisse

a) angemessene Konsequenzen **von rB (=**nur Wünsche oder Abneigungen)

1. **emotionale** (zwar unangenehme, aber motivierende) Konsequenzen von rB:

Frustration, Bedauern, Enttäuschung

2. **Verhaltens**konsequenzen **von rB**:
(nicht selbstschädigend!)

Denke darüber nach, wie ich in Zukunft ihr schlechtes Benehme verändern kann, welche Beiträge ich dazu leisten kann

b) selbstschädigende Konsequenzen **von iB**

1. **emotionale** selbstschädigende Konsequenzen **von iB**:

Gerate in arge Wut.

2. selbstschädigende **Verhaltens**konsequenzen **von iB**:

Schreie sie an. Spiele zur Strafe den ganzen Tag nicht mehr mit ihr, obwohl mir das sonst viel Spaß macht.

D

Disputieren Ihrer selbstschädigenden Ideen/Einstellungen (in Frageform: Warum...? Wieso...? Wo ist der Beweis, daß...?)

Warum muß sie sich verhalten wie ich es richtig finde?

Wieso ist sie insgesamt ein unmögliches Kind, wenn sie etwas falsch macht?

Wieso ist ihr Verhalten schrecklich und nicht nur unangenehm?

E

Ergebnis des In-Frage-Stellens Ihrer selbstschädigenden Ideen bzw. Einstellungen (Ihre **neue Lebensphilosophie**)

a) Antworten auf Ihre Fragen (=Formulierung Ihrer **neuen Einstellung**)

Es gibt keinen Beweis dafür, daß sie sich nicht so verhalten darf, sondern nur dafür, daß es nicht schön für mich ist. Ihr Verhalten macht sie nicht zu einem unmöglichen Kind, sondern nur zu einem Kind, da sich schlecht benommen hat.

Der Vorfall ist nicht schrecklich, sondern nur unangenehm, da es wahrhaftig viel schlimmere Dinge gibt

b) **emotionale Effekte** Ihrer neuen Einstellung: **neues Gefühl** (in Übereinstimmung mit Ihrem Therapieziel, weitgehend identisch mit C a 1)

Enttäuscht, frustriert (aber nicht wütend!)

c) **Verhaltenseffekte** Ihrer neuen Einstellung (**neues Verhalten**) (in Übereinstimmung mit Ihrem Therapieziel, weitgehend identisch mit C a 2)

Überlege, wie ich in Zukunft ihr schlechtes Benehmen verändern kann, welche Beiträge ich dazu leisten kann.

Ob ich mich zuwenig mit ihr beschäftige?

Literatur

Adler, A. (1975). *Menschenkenntnis*. Frankfurt: Fischer.

Aurel, Marc. (1981). *Des Kaisers Marcus Aurelius Antonius Selbstbetrachtungen*. Stuttgart: Reclam.

Atkins, P.W. (1984). *Schöpfung ohne Schöpfer. Was war vor dem Urknall?* Reinbek bei Hamburg: Rowohlt.

Bandler, R. & Grinder, J. (1982). *Metasprache und Psychotherapie. Struktur der Magie I*. Paderborn: Junfermann.

Beck, A.T. (1979). *Wahrnehmung der Wirklichkeit und Neurose. Kognitive Psychotherapie emotionaler Störungen*. München: Pfeiffer.

Borgart, E.-J. (Hrsg.). (1998). *Selbsthilfebücher. Sammlung empfohlener (verhaltenstherapeutischer) Selbsthilfebücher mit Rezensionen.* Bad Pyrmont: Schriftenreihe der Psychosomatischen Fachklinik Bad Pyrmont, Bd.9.

Burns, D.W. (1983). *Angstfrei mit Depressionen umgehen*.Pfungstadt: Minotaurus-Projekt.

Coue, E. (1980). *Was ich sage*. Basel: Schwabe.

Dubois, P. (1907). *The psychic treatment of nervous disorders*. New York: Funk & Wagnalls.

Ellis, A. (1985). *Overcoming resistance. Rational-Emotive Therapy with difficult clients*. New York: Springer.

Ellis, A. (1996). Die revidierte ABC-Theorie der Rational-Emotiven Therapie. Teil II. In: *Zeitschrift für Rational-Emotive & Kognitive Verhaltenstherapie, 7*, 5-30.

Ellis, A. (1997). *Grundlagen und Methoden der Rational-Emotiven Verhaltenstherapie*. München: Pfeiffer.

Ellis, A. & Harper, R.A. (1975). *A new guide to rational living*. North Hollywood, CA: Wilshire Books.

Ellis, A. & Hoellen, B. (1997). *Die Rational-Emotive Verhaltenstherapie – Reflexionen und Neubestimmungen*. München: Pfeiffer.

Ellis, A., Schwartz, D. & Jacobi, P. (in Vorbereitung). *Rationales Effektivitäts-Training*

Epiktet, Teles & Musonius. (1991). *Wege zum Glück*. Bibliothek der Antike. München: DTV/Artemis.

Eschenröder, C.T. (1989). *Hier irrte Freud. Zur Kritik der psychoanalytischen Theorie und Praxis.* München: Piper.

Freitag, E.F. (1987). *Hilfe aus dem Unbewußten.* München: Goldmann.

Grawe, Klaus. (1998). *Psychologische Therapie.* Göttingen, Bern, Toronto, Seattle: Hogrefe, Verl.für Psychologie.

Grieger, R.M. (1985). From a linear to a contextual model of the ABCs of RET. *Journal of Rational-Emotive Therapy, 3*(2).

Hauck, P. (1986). Innovations in marriage counseling. *Journal of Rational-Emotive Therapy, 4(1).*

Herzberg, A. (1945). *Active Psychotherapy.* New York: Grune & Stratton.

Hoellen, B. (1986). *Stoizismus und rational-emotive Therapie (RET) – Ein Vergleich.* Pfaffenweiler: Centaurus.

Hoellen, B. & Laux, J. (1987). Antike Seelenführung und Moderne Psychotherapie. *Forschungsberichte des Fachgebietes Psychologie.* Universität Kaiserslautern.

Izard, C.E. (1981). *Die Emotionen des Menschen. Eine Einführung in die Grundlagen der Emotionspsychologie.* Weinheim & Basel: Beltz

Kassinove, H. (1986). Self-reported affect and core irrational thinking: a preliminary analysis. *Journal of Rational -Emotive Therapy, 4(2).*

Korzybski, A. (1933). *Science and sanity.* San Francisco: International Society of General Semantics.

Lazarus, A.A. (1995). *Praxis der Multimodalen Therapie.* Tübingen: DGVT-Verlag.

Margraf, J. & Schneider, S. (1989). *Panik. Angstanfälle und ihre Behandlung.* Berlin: Springer.

Mahoney, M.J. (1977). *Kognitive Verhaltenstherapie. Neue Entwicklungen und Interpretationsschritte.*

Meichenbaum, D.W. (1979). *Kognitive Verhaltensmodifikation.* München, Wien, Baltimore: Urban & Schwarzenberg.

Pongratz, L.J. (1983). *Hauptströmumgen der Tiefenpsychologie.* Stuttgart: Kröner.

Rauch, E. (1987). *Autosuggestion und Heilung. Die innere Selbst-Mithilfe.* Mannheim: PAL.

Riedl, R. (1988). *Biologie der Erkenntnis. Die stammesgeschichtlichen Grundlagen der Vernunft*. München: DTV.

Russell, B. (1982). *Eroberung des Glücks. Neue Wege zu einer besseren Lebensgestaltung*. Frankfurt: Suhrkamp.

Schelp, T., Gravemeier, R. & Maluck, D. (1997). *Rational-Emotive Therapie gegen Stress. Seminarkonzepte und Materialien*. Bern, Göttingen, Toronto, Seattle: Hans Huber.

Schelp, T. & Kemmler, L. (1988). *Emotion und Psychotherapie. Ein kognitiver Beitrag zur Integration psychotherapeutischer Schulen*. Bern, Göttingen, Toronto, Seattle: Hans Huber.

Schwartz, D. (1981). Die rational-emotive Therapie. In: Hockel, M. & Feldhege, F.J. (Hrsg.) *Handbuch der Angewandten Psychologie. Band III. Behandlung und Gesundheit*. Landsberg a.L.: Moderne Industrie.

Schwartz, D. (1983). *Rationeel denken en doen. Praktisch zelfhulpboek voor het analyseren en oplossen van problemen*. Amsterdam: intermediair bibliotheek.

Schwartz, D. (1987). Rational-emotive Therapie. In: *Welche Therapie?* Weinheim & Basel: Beltz.

Schwartz, D. & Hoellen, B. (1990). „Verbotene Früchte schmecken besonders süß" – Rational-Emotive Therapie mit einer 'kleptomanischen' Frau. *Zeitschrift für Rational-Emotive Therapie & Kognitive Verhaltenstherapie, 1,* 51-60.

Schwartz, D. & Hoellen, B. (1991). „Forbidden Fruit Tastes Especially Sweet." Cognitive-Behavior Therapy with a Kleptomaniac Woman – A Case Report. *Psychotherapy in Private Practice, Vol.8 (4),* 19-25.

Schwartz, D. (1997). *Gefühle erkennen und positiv beeinflussen. Das Lebenshilfebuch zur Rational-Emotiven Verhaltenstherapie*. Landsberg: Verlag MVG.

Skinner, B.F. (1938). *The behavior of organisms: An experimental analysis*. New York: Appleton-Century-Crofts.

Spillane, R. (1980). RET's contribution: an argument for argument. *Rational Living, 15(2).*

Stemme, F. & Reinhardt, K.-W. (1988). *Supertraining. Mit mentalen Techniken zur Spitzenleistung*. Düsseldorf, Wien, New York: Econ.

Tennov, D. (1981). *Limerenz – über Liebe und Verliebtsein*. München: Kösel.

Titze, M. (1979). *Lebensziel und Lebensstil. Grundzüge der Teleoanalyse nach Alfred Adler*. München: Pfeiffer.

Titze, M. & Eschenröder, C.T. (1998). *Therapeutischer Humor. Grundlagen und Anwendungen*. Frankfurt: Fischer.

Wilken, Beate. (1998). *Methoden der Kognitiven Umstrukturierung. Ein Leitfaden für die psychotherapeutische Praxis*. Stuttgart, Berlin, Köln: Kohlhammer Urban.

Stichwortverzeichnis

U

V

W

Z